보통 사람이
본
대한민국

보통 사람이 본 대한민국

발행일	2021년 3월 10일		
지은이	정성구		
펴낸이	손형국		
펴낸곳	(주)북랩		
편집인	선일영	편집	정두철, 윤성아, 배진용, 김현아, 이예지
디자인	이현수, 김민하, 한수희, 김윤주, 허지혜	제작	박기성, 황동현, 구성우, 권태련
마케팅	김회란, 박진관		
출판등록	2004. 12. 1(제2012-000051호)		
주소	서울특별시 금천구 가산디지털 1로 168, 우림라이온스밸리 B동 B113~114호, C동 B101호		
홈페이지	www.book.co.kr		
전화번호	(02)2026-5777	팩스	(02)2026-5747

ISBN	979-11-6539-651-0 03340 (종이책)	979-11-6539-652-7 05340 (전자책)

(주)북랩 성공출판의 파트너

북랩 홈페이지와 패밀리 사이트에서 다양한 출판 솔루션을 만나 보세요!

홈페이지 book.co.kr • **블로그** blog.naver.com/essaybook • **출판문의** book@book.co.kr

우리나라의 정치, 사회의 문제점, 원인 그리고 해결 방안을 제시한다

보통 사람이

본

대한민국

정성구 지음

세월호부터 코로나까지, 수많은 사건 속에서
대한민국의 민주주의는 후퇴하고 경제는 추락하는 것 같다

대한민국의 정치와 사회, 그 문제점들을 날카롭게 분석하여
백범 김구 선생의 이념으로 미래 방향성을 탐구하였다

무엇이 문제일까? 무엇이 우리를 이렇게 만들었을까?
앞으로 우리는 어떻게 바뀌어야 할까?

북랩 book Lab

필자는 10여 군데의 직장에서 40여 년간 기술직으로 직장생활을 하고 퇴직하여 아파트 한 채를 가지고 생활하는 60대 후반으로, 어떤 특정 정당에 가입한 적도 후원금을 내어 본 적도 정치집회에 참여해 본 적도 없어 정치에도 별로 관심이 없이 그저 평범하게 살아온 보통 사람 중의 한 사람이었다.

세월호 사고 이후 장기간 동안 TV나 라디오의 뉴스는 세월호 사고 일색의 방송으로 나라가 일시 정지된 느낌이었고, 게다가 일부 집단들은 겉으로는 희생된 사람들과 어린 학생들을 안타까워하는 듯하면서, 실제로는 희생된 사람들을 이용하여 집단들의 이익을 챙기고자 하는 이중적 행동을 하는 것으로 보여 너무 실망하였다.

필자는 코로나 집단 감염사태 직전까지는 아예 신문이나 TV와 라디오의 뉴스를 보지도 듣지도 않아 왔었다.

우리나라는 세월호 사고 이후의 정치집단들이 세월호 사고 촛불집회, 박근혜 대통령 탄핵을 위한 촛불집회, 반대 논리의 태극기 집회 등 떠들썩한 대규모 정치성 군중집회를 열어 군중심리를 이용한 국민들의 선동으로 편 가르기를 심화시켜 가고 있다고 느껴졌다.

군중집회와 함께 매스컴, 소셜미디어, 인터넷 댓글, 청와대 국민청원 등의 온라인 환경이 정치집단과 지지자들의 결속을 촉진시키고, 집단극화(Group polarization)의 영향으로 양대 정치집단들은 점점 더 강성으로 변화하며, 양대 정치집단 지지자들에 의한 동조(coformity)가 일어나면서 집단 간의 대립이 더욱 심화되어, 이 사회의 갈등은 날이 갈수록 커져만 가고 있는 것 같다.

양대 정치집단들의 극단적인 집단이기주의로 오직 정권 유지와 정권 잡기에만 몰두한 나머지 국가와 국민을 위한 법과 정책이 아닌 오직 자신들 집단의 정권유지만을 위한 법과 정책만을 만드는 것 같다.

또한 국민들에게 당장 자극을 줄 수 있는 이웃 나라와의 갈등, 과거사 문제, 환경문제, 안전문제, 지역 개발, 청년 일자리 등 국민들이 관심을 갖는 사회문제들과, 젊은 사람과 나이 많은 사람, 남자와 여자, 기업인과 노동자 간, 많이 가진 자와 적게 가진 자, 지위가 높은 자와 낮은 자 등 이분법적으로 나누어 지역 간, 계층 간의 갈등을 지나치게 부추겨 반사이익을 취하려는 이벤트성 법과 정책만을 추진하고 있는 것 같은 느낌이다.

정치집단들은 민주주의의 기본인 상대를 배려한 협조와 타협은 사라지고, 항상 반대를 위한 반대가 일어나며, 기회가 있을 때마다 구실을 찾아 상대를 공격하는 공격성이 심화되는 극단적인 정치적 양극화로 국론이 심각하게 분열되어 이제는 봉합하기 힘든 심한 중증에 걸린 것 같다.

정치집단들이 집단 지성이 아니라 집단 광분으로 집단 패싸움에만 열중하는 사이 기업인들은 사업에 대한 사기를 잃어가고 있고, 외국과의 갈등으로 교역량이 줄고, 제조원가의 상승으로 산업 생산품들의 수출경쟁력이 떨어져, 국가의 산업생산량은 감소되면서 국민들과 청년들의 일자리도 급격히 감소될 것 같다.

이런 상태로 몇 년이 더 지나간다면, 우리나라의 민주주의는 형편없이 후퇴하여 그동안 민주주의를 위해 투쟁했던 사람들의 진심은 어디론가 가버리고 허울만 남아서 국민들을 실망시킬 것이며, 나라의 경제는 회생이 불가능할 정도로 망가져 국민소득은 현저히 감소될 것이다. 또한 국민들과 청년들의 실업률이 폭증하여, 국가가 다시 후진국으로 전락하면서 사회적 갈등은 점점 증가하여 나라는 더욱 파국으로 치달을 것 같다.

따라서 심각한 국론분열로 집단이기주의가 사회에 만연함으로써 국민들에게도 영향을 미쳐, 나라와 사회를 사랑하는 마음들이 점점 느슨해지면서 국민들의 도덕 불감증과 도덕적 해이(Moral hazard)도 점점 심해지고 있다고 느껴진다.

필자는 그런 우리나라를 위해 조금이라도 보탬을 줄 수 없을까 고민하다가 비록 정치학이나 법학을 전공하지도 않았고, 관심도 없었으며, 글을 쓰는 재주조차 없는 그냥 평범한 사람이지만, 우리 사회의 평범한 보통 사람의 한 사람으로서 지금 국가가 처한 현실들을 보고 느끼는 그대로 솔직하게 독자들에게 전달하면 오히려 더 많은 공감을 줄 수도 있겠다는 생각이 들어 글을 쓸 용기를 내게 되었다.

이 글의 내용은 국가적으로 큰 위기 상황을 맞고 있는 극단적인 정치적 양극화의 원인과 영향, 우리 사회에 만연되고 있는 도덕적 해이 사례들, 세계화의 추세 속에서 다른 나라 사람들이 보편적으로 인식하는 사회규범과 차이가 있는 제도와 관습 등에 대하여 필자가 느끼는 그대로 표현하였다.

글을 쓴 취지가 그러하다 보니, 대부분의 내용이 국가적 위기를 만들고 있다고 생각되는 정치인을 비롯한 각 분야의 사회지도자들에 대한 비판과 도덕적 해이를 일으키고 있는 각 분야의 사람들에 대한 비판 등으로 우리 사회 대부분의 분야에 있는 사람들이 비판의 대상이 되어 버렸다.

이 글의 내용을 보면, 필자를 포함한 많은 독자들이 한 개 내지 여러 개의 집단이기주의를 일으키는 이익집단에 속해 있거나, 도덕 불감증에 의한 도덕적 해이를 일으키고 있으므로, 비판의 대상이 되어 있어서, 많은 독자들로부터 필자가 오히려 비난의 대상이 될 수도 있겠다는 두려움도 들었지만, 필자는 이 글을 쓰는 취지가 특정인들을 비난하고자 함이 아니고, 우리 각자가 집단이기주의에 빠져있거나, 도덕 불감증에 의한 행동들을 되돌아

보고, 잘못이 있다면 개선의 전기를 마련해 보자는 데 있음이라 이 글을 책으로 낼 생각을 굳히게 되었다.

전문가의 입장에서 보면 일부 전문적인 기술내용이 사실과 차이가 있는 부분도 있을 수 있고, 보는 시각이 다르므로 동의할 수 없다고 생각되는 부분도 있으리라 생각되지만, 이 글은 단지 평범한 대한민국 국민의 한 사람이 현 사회를 보면서 느끼는 솔직한 감정의 표현일 뿐이란 점을 이해해 주시기 바란다.

글의 내용 중에 혹여 필자가 잘못 이해하고 느꼈거나, 자신도 모르게 필자의 편견이 들어간 부분도 있을 수는 있으나, 필자는 이 글을 오직 국가의 발전에 미력이나마 보탬을 주려는 생각 외에 특정 개인이나 특정 집단을 이롭게 하거나 해롭게 할 의도가 전혀 없음을 아울러 밝힌다.

이 글의 내용 중에 일부 독자들께서 동의할 수 없는 부분이 있더라도 필자가 이 글을 쓰고 책을 내게 된 동기와 취지를 이해해 주시어, 숲속에는 쓸모없는 나무가 일부는 있지만 그래도 좋은 나무가 많아 숲이 필요하듯 나무가 아닌 숲을 보는 느낌으로 읽어 주었으면 좋겠다는 부탁을 드린다.

필자를 포함한 모든 독자들은 지금 위치하고 있는 직분만 다를 뿐 모두 한국인이므로, 우리 사회에서 잘못되고 있는 모든 일들이 우리들 자신의 책임일 것이므로 다른 사람들을 원망할 일이 아니고, "모두가 내 탓이오."라는 인식을 갖고, 각자가 맡은 직분에서 책임을 다하지 못한 부분이 있다면 스스로 개선하는 전기가 되었으면 좋겠다.

이 글은 모든 주제들이 딱딱할 수밖에 없고, 비슷한 주제들이 많은 데다 필자의 글 쓰기 솜씨마저 부족하여 독자들께서 읽는 데 지루할 수도 있을 것 같다.

독자들께서는 차례를 보고 읽을 주제에 표시(√)를 하며 한두 개씩 건너뛰어 읽은 후 시간이 되거나 관심이 더 가면 나머지 주제도 읽으면 좋을 것 같다는 생각이 든다.

2021년 3월
정성구

제2장 사회 분야

제3장 인간

제1장

정치 분야

정치적 양극화

정치적으로 갈린 두 개의 정당과 그를 지지하는 국민들이 민주주의의 문화와 매너에 의해 상호 존중과 타협에 의한 정책의 대결이라는 전제하에 각 정당이 추구하는 가치를 지지자들이 공유하면서 집단을 형성하는 정치적 양극화는 민주주의에서 나타나는 자연스럽고 바람직한 현상이라 할 것 같다.

미국과 같이 양당제를 하는 나라는 당연히 정치적 양극화가 일어날 수밖에 없을 것이며, 우리나라와 같이 다당제를 하는 나라에서도 민주주의의 특성상 나타날 수밖에 없는 현상일 것 같다.

하지만, 현재의 우리나라는 진보와 보수라는 허울 좋은 파벌을 만들어 정당 간의 협치는 이미 물을 건넌 지 오래됐다. 정치권과 국민들이 양편으로 갈려서 서로 적대감을 가지고 대결의 기회가 있는 곳에서는 때를 안 가리고 상대방을 공격하여 국가를 파국으로 치닫게 만드는 극단적인 정치적 양극화가 문제인 것이다.

현재 미국이나 우리나라가 겪고 있는 극단적인 정치적 양극화의 문제를 필자 나름대로의 주관적 판단이긴 하지만 아래와 같이 정리하여 보았다.

이러한 극단적인 정치적 양극화가 심각한 미국이나 우리나라와 같은 나라들을 위해, 정치학자들이 그 원인과 해결방안에 대한 토의와 연구를 활발히 하여, 정치적 양극화가 극복될 수 있는 방안들을 찾아주어 빨리 이 위기에서 탈출하였으면 좋겠다.

우리나라는 과거부터 호남지역을 기반으로 하는 정당과 경상도 지역을 기반으로 하는 정당 간의 정치적 양극화는 있어왔지만, 지금과 같이 국가의 존망이 위협받는 정도의 양극화는 아니었으므로 서로 배타적인 대립 속에서도 국민을 위한 법과 정책들이 추진될 수 있었다.

하지만 세월호 사고 이후 소위 진보와 보수로 갈린 양대 정치집단의 지지자들이 군중집회와 소셜미디어, 인터넷 댓글, 청와대 국민청원 등의 온라인 환경에서 등 기회만 있으면 집단이 기대하는 바대로 생각이나 행동을 바꾸는 동조(coformity)가 일어나, 시간과 장소를 가리지 않고 양대 집단 간에 갈등을 일으키면서 국론분열을 일으키고 있는 것 같다.

세월호 사고 이후라는 우리나라 양대 정치집단들의 극단적인 정치적 양극화의 시기적 전환점을 필자도 이유를 확실히 알 수가 없고, 이 부분은 나중에 역사가 판단해 줄 부분인 것 같다는 생각이 든다.

하여튼 양대 정치집단들이 추진하는 정책들마다 서로 부딪치면서 집단의 의사결정이 구성원 개개인의 평균치보다 극단으로 치우치게 된다는 집단극화(group polarization)의 영향을 받아서인지, 양대 정치집단들은 점점 강성으로 치달으면서 양대 집단들이 건전한 경쟁과 타협에 의한 민주주의의 문화와 매너는 사라지고, 마치 집단 자아도취적인 집단적 나르시시즘(collective narcissism)에 빠진 것처럼 자신들 편의 주장만 절대적 정의이며 선으로 간주하고 상대 집단을 말살하려는 극단적인 대립의 정치로 가고 있는 것 같다.

특히 온라인 환경은 양극화를 만드는 기계와 같아, 사람들은 자신이 좋아하는 정보 출처만을 선택하고, 일치하는 견해의 뉴스만을 보거나, 본인의 입장과 반대되거나 친숙하지 않은 뉴스를 걸러내며, 자신의 의견에 대한 반대를 더 묵살하는 경향을 보인다고 하는데, 우리나라에 특히 발달한 온라인 환경도 양극화에 큰 몫을 차지하면서 양대 정치집단들은 집단 지성이 아니라 집단 광분으로 변해가면서 정치적 양극화는 점점 더 심화되어 가고 있음을 피부로 느낄 수 있는 것 같다.

양대 정치집단들이 명목상은 진보와 보수라 하지만 진보와 보수는 허울일 뿐이고, 추진하는 정책들을 보면 진보라면 말 그대로 미래를 향해 나가야 할 텐데 과거에만 집착하고 있는 것 같고, 보수라면 보수적인 정책으로 일관해야 하는데 실상은 그렇지 못한 것 같다.

민주주의가 안정되면서 상대를 압도할 수 있는 정책의 창출이 그리 쉽지는 않고, 그러한 정책을 창출했다 하여도 점점 강성으로 변화된 정치 환경 속에서는 반대를 위한 반대가 일어나 실행하기도 쉽지 않기 때문인지 모르겠으나, 양대 정치집단들이 새로 추진하는 대부분의 법과 정책들이 허울은 국민들을 위해 필요한 정책이라고 한다. 그러나 실제 내막을 보면 국민들을 위한 것이 아니라, 이들은 국민들에게 당장 자극을 줄 수 있는 이웃 나라와의 갈등, 과거사 문제, 환경문제, 안전문제, 지역 개발, 청년 일자리 등 국민들이 관심을 갖고 있는 사회문제들을 과도하게 부추기면서 국민들을 선동하여 반사이익을 보려 한다.

약자 보호차원에서 필요한 정책이긴 하지만, 젊은 사람과 나이 많은 사람, 남자와 여자, 기업인과 노동자 간, 많이 가진 자와 적게 가진 자, 지위가 높은 자와 낮은 자 등 사회구성원들을 이분법적으로 나누어 계층 간의 갈등을 지나치게 부추겨 국민들을 선동하는 이벤트성 법과 정책의 개발에만 온 힘을 다하고 있는 것 같다.

그러다 보니 매사에 양대 집단 간의 힘겨루기로 일관하게 됨으로써 항상 반대를 위한 반대가 일어나며, 기회가 있을 때마다 구실을 찾아 상대를 공격하는 공격성(aggression)이 심화되는 극단적인 정치적 양극화로 우리나라는 국론이 심각히 분열되어 봉합하기 힘든 지경으로 나아가고 있는 것 같다.

양 집단들이 서로 반대를 위한 반대로 평행선을 달리게 됨에 따라, 국가의 건설적인 법과 정책은 실행이 어렵고, 이벤트성 법과 정책들만이 쏟아져 나와 민주주의는 한없이 후퇴하여 그동안 민주주의를 위해 투쟁했던 사람들의 진심은 어디론가 가버리고 허울만 남을 테고, 국가의 산업 경쟁력은 점점 떨어져 국가의 경제는 한없이 추락할 것으로 보인다.

어느 시기까지 추락하게 되면 아프리카의 일부 국가들처럼 국민들이 완전히 양편으로 갈라져 지역별로 국민들끼리 늘 싸움과 폭동이 일어나 다시는 회복하기 힘든 상황까지 올 수도 있겠다는 생각이 들게 된다.

새벽에 비몽사몽간에 꾸는 나쁜 꿈으로 걱정과 고생을 하다가 막상 꿈에서 깨어 보니 아무 일도 없는 그냥 꿈속의 일이어서 꿈속에서 괜히 헛고생하지 말고 빨리 깼더라면…. 하고 아쉬워하듯, 필자가 느끼는 이런 우려와 걱정들이 현실이 아닌 꿈속에서 일어나는 그런 일이었으면 좋겠다는 바람조차 든다.

미국의 트럼프 전 대통령은 마스크 착용 등 각종 과학적 방역을 거부하여 코로나 발생 1년 사이에 제2차 세계대전에서 죽은 군인들 사망자 수 40만 5천 명보다도 많은 국민을 죽게 하고, 거짓말을 잘하고, 상대편 비방을 잘하고 국민들 선동을 잘한다고 알려져 있는데도 불구하고, 극단적인 정치적 양극화로 미국 국민들이 이미 편 가르기가 되어 있으므로 거의 과반수에 해당하는 국민들이 트럼프 전 대통령을 지지하는 생각이 이미 고착되어 있어 여러 현상들을 객관적으로 보지 못했다.

지난번 대통령 선거에서 거의 과반수에 해당하는 국민들이 편 가르기에 휩쓸려 트럼프 전 대통령의 지지 투표를 한 것 같고, 일부 지지자들은 무조건 그 편을 들어 국회를 점거하는 등 극단적인 행동을 보여주어, 정치적 양극화의 폐해가 어떻게 나타나는지 그 실례를 보여주었다고 할 것이다.

이미 극단적인 정치적 양극화에 의해 편 가르기가 일어나면, 본인의 입장과 반대되거나 친숙하지 않은 뉴스를 걸러내며, 자신의 의견에 대한 반대를 더 묵살하는 등의 영향으로 객관적인 판단이나 인지 능력이 떨어져 점점 강성으로 변하기 때문에 미국과 같은 심각성이 생길 수 있다.

우리나라도 이미 회복하기 불가능할 정도로 극단적인 정치적 양극화가 심화되어 있어, 이제는 양대 정치집단들은 반대를 위한 반대가 일상화되었고, 산업의 활성화에 의한 국가의 경제력을 전반적으로 키워 국민들의 고용창출과 함께 생활수준을 향상시킬 수 있는 정상적인 정책대결은 포기한 듯 보인다.

이제는 제발 정치인을 포함한 모든 사회 구성원 등이 그 심각성을 깨닫고 대오 각성하여, 상대 집단에 대한 적대적 감정을 버리고 상대를 민주주의의 파트너로 생각하여 매너와 배려심을 가지고 서로 타협하면서 정치적 양극화가 심화되지 않도록 서로 노력하여 파국으로 가는 우리나라를 구해야 한다고 생각한다.

우리 사회에 깊이 뿌리를 내려가는 극단적인 정치적 양극화를 지금 막지 못한다면, 결국에는 우리 사회 시스템을 모두 망가뜨려 후손들에게 우리 세대의 사람들이 조선시대의 사색당파보다 더욱 심한 파벌싸움으로 인해 망가트려 후진국으로 전락한 나라를 물려주는 역사의 죄인들로 낙인찍힐 것이라고 생각된다.

아래의 백범 김구 선생님의 말씀을 새겨듣고, 우리나라가 처한 지금의 상황을 제대로 보고, 우리나라를 온전히 지키기 위하여 우리 모두가 진정으로 변화했으면 좋겠다.

「집안이 불화하면 망하고 나라 안이 갈려서 싸우면 망한다. 동포 간의 증오와 투쟁은 망조다. 우리의 용모에서는 화기가 빛나야 한다. 우리 국토 안에는 춘풍이 화창하여야 한다. 이것은 우리 국민 각자가 한 번 마음을 고쳐먹음으로 되고 그러한 정신의 교육으로 영속될 것이다.」

집단이기주의

집단이기주의(Collectivism)는 특정집단이 국가나 사회의 이익을 고려하지 않고 합리적 대안이 없는데도 자기 집단의 이익만을 고집하는 사회현상이라 한다.

집단에는 자신들의 이익만을 추구하여 집단행동을 일으키는 여·야 정치 집단, 지역 집단, 노동조합 등을 포함하여 특정할 수 있는 모든 종류의 집단을 말할 수 있을 것 같다.

특정 집단이 자신들의 이익을 대변하기 위하여 집단행동을 한다고 해서 모두를 집단이기주의로 볼 수는 없고, 그 집단행동으로 얻는 결과가 국가나 사회의 이익에 반하는 집단행동이어야 할 것 같다.

하지만, 국가나 사회와 같은 다수의 이익을 위하여 소수 집단의 이익은 희생되어도 좋다는 의미가 아니고, 집단이 의도하는 행동의 목적에 객관적이고 합리적인 대안이 없는데도 오직 그 집단의 이익만을 위하는 집단행동으로 보아야 할 것 같다.

집단이기주의는 구성원 개개인을 이성이 지배하는 마음상태가 아닌 집단정신 상태의 군중심리 등에 의한 집단특성에 의해 쉽게 일어나고, 자신이 하는 행위의 잘잘못도 잘 모르고 따라 하게 되어 도덕 불감증으로 도덕적 해이(Moral hazard)를 수반하게 되는 것 같다.

우리나라는 근래 집단행동을 하면 어떤 형태로든 반드시 이득을 보는 사회적 환경이 조성되면서 집단이기주의에 의한 극렬한 집단행동이 특정 분야에 한정되지 않고, 모든 분야에서 시간과 장소를 가리지 않고 일어나며 점점 더 심해지고 있는 것 같다.

자신의 가치를 과도하게 강조하여 다른 사람의 이익을 고려하지 않고 자신의 이익만을 취하려 하는 개인이기주의(egotism)는 그 결과가 개인으로 한정되고, 소집단에 의한 집단이기주의는 그 결과가 소집단에 한정된다. 그러나 국가의 직접적 운영자들인 정치집단들에 의한 집단이기주의는 그 결과가 국가의 존망과 관련이 있는 법과 정책에 영향을 미치기 때문에 그 심각성이 다른 이기주의와는 비교할 수 없이 클 수밖에 없을 것이다.

개인이기주의는 도덕불감증에 의한 도덕적 해이로 나타나면서 전체 사회로 유행처럼 확산될 소지가 있어 한 국가나 사회를 점점 망가트릴 수는 있지만 그 속도가 늦은 반면, 국가를 운영하여야 하는 집단들에 의한 집단이기주의는 국가를 송두리째 빠르게 망가트릴 수 있어서, 그 폐해가 개인이기주의와는 비교할 수 없을 만큼 클 것 같다.

중국이나 베트남과 같은 나라에서 많은 관료들이 개인의 이기심으로 각종 이권에 개입하여 뇌물을 수수하는 문제가 자주 발생했지만, 개인 이기주의의 문제로 인해 국가가 파국으로 갈 정도의 심각한 문제는 아니었다.

만약 국가를 운영하는 중국과 베트남의 공산당 집단이 국가의 이익을 외면하고 국정을 운영하였더라면, 두 나라는 그로 인해 잘못된 법과 정책이 마구 쏟아져 대부분의 사회적 시스템이 망가져 지금과 같은 고도성장을 이루기가 불가능하였을 것이라는 생각이 든다.

세월호 사고와 박근혜 대통령 탄핵 이후 우리 국민들은 집단이기주의에 의한 극단적인 정치적 양극화로 사회의 기강이 무너지고, 국민들 간의 편 가르기는 점점 심화되어 가고 있으며, 국가가 점점 혼돈으로 빠져들고 있다는 느낌이 든다.

특히 정치 집단, 노동조합, 지역 주민집단, 이해관계 집단 등 열거할 수 없이 많은 집단에서 집단이기주의가 일어나고 있어, 이 상태가 지속이 된다면 우리나라는 집단이기주의에 의한 사회의 시스템이 점점 망가져 파멸의 길로 가지 않을 수 없을 것 같다.

하지만 국가가 파멸로 가는 걸 막으려 발 벗고 나서는 집단도 지도자도 지식인도 없는 것 같아 안타깝지만, 이제 누군가가 나선다 해도 국민들의 의식개혁이 없이는 해결할 수 없는 지독히 심한 중증에 걸렸다는 생각마저 든다.

전국의 광장, 관공서, 대기업의 정문 등이 집단 간의 시위(demo)장소가 되었고, 청와대 국민청원, 소셜미디어 등 온라인 장소도 집단 간의 실력행사장이 되었다.

전국의 가로에는 집단별 투쟁구호가 적힌 벽보로 도배되어 있음을 보면서 세계적으로 이 정도로 집단이기주의가 심한 나라가 과연 있을까 하는 의구심마저 생긴다.

우리 국민들은 모두가 적어도 이런 집단들 중의 하나에 속해 있었거나 아니면 현재도 속해 있을 수 있으므로 인식이 너무나 보편화되고 무감각해져서 그런지 정작 집단이기주의로 인하여 국가와 사회가 받을 수 있는 폐해를 잘 모르고 있다는 느낌이 든다.

필자가 친구들에게 이런 걱정을 하소연하면, 우리나라가 이미 회복할 수 없는 중증에 걸렸음을 알고 하는 말인지는 모르겠으나, 우리나라는 이미 그리 될 운명을 타고났는데 이제 와서 그걸 어쩌겠냐고 운명론으로 설명하는 친구들이 꽤 많았다.

우리 선배들과 우리 세대들이 많은 고생을 하면서 일구어 놓은 이 복된 국가를 정치집단들의 집단이기주의를 멈추게 하지 못하여 다시 후진국으로 돌아가도록 방치하는 일은 후손들에게 큰 죄를 짓는 일이란 생각에 참으로 안타까웠다.

집단이기주의가 가장 심한 분야 중의 하나는 집권 여당과 야당의 정치집단이다. 국가와 국민의 이익은 뒷전으로 한 채 자신들의 정권 연장 내지 자신들의 차기 집권에만 매달려 있는 것 같다는 느낌이다.

주권이 국민에게 있고 국민을 위한 정치가 이루어지는 민주주의에서는 모든 의사결정과정이 민주적으로 정해져야 할 것이며, 민주적이라는 것은 집단 내에서 건전한 비판과 타협이 이루어지며 타인에 대한 관용 정신이 발휘되는 환경에서 다수결이라는 의사결정수단에 의해 정해져야 한다고 한다.

여당, 야당이 법을 만들거나 개정하려 하는 것을 볼 때마다 상대를 배려와 협조로 타협하지 않고, 극단적인 정쟁으로 치닫는 걸 보면서 국민들은 자연스럽게 어느 편인가를 지지하는 환경이 조성될 수밖에 없게 되어, 국민들까지도 자신도 모르게 편 가르기에 빠지면서 집단이기주의는 점점 더 많은 국민들에게 확산되는 것 같다는 생각이 든다.

우리나라 정치집단들은 마치 자아도취의 집단적 나르시시즘(collective narcissism)에 빠져 자신들 편의 주장은 절대적 정의이며 선이고, 상대 집단의 주장은 모두가 불의이며 악으로 간주하고, 매사에 적대감을 가지고 상대집단을 공격하며 국론분열을 일으키고 있지는 않은지 되돌아보기를 바라는 마음이 간절하다.

집단이기주의가 심각한 분야 중의 하나가 정치적 지역이기주의라고 생각되며, 정치적 지역이기주의는 지역민을 위해 항만, 공항 등과 같은 국가의 주요 기간시설의 건설지를 비슷한 조건이라면 자기 지역에 유치하려는 보편적인 지역이기주의를 말하려는 게 아니다.

국가의 주요 기간시설의 설치지역이 어디가 되더라도 약간의 시설비가 더 들고 효율 차이도 그리 크지만 않다면, 자기 지역에 유치하려는 마음은 누구에게나 있을 것이므로 자유경제 국가에서 어디든 나타날 수 있는 자연스러운 현상이라 하겠다.

지금 우리나라에서 너무나 큰 문제가 되고 있는 정치적 지역이기주의를 말하려는 것이다.

우리나라의 각종 선거결과를 보면 일부 지역에서는 지역민의 75% 정도가 해당 지역민들이 지지하는 정당에 투표를 하기도 하고, 일부지역에서는 심지어 지역민의 90% 정도가 해당 지역민들이 지지하는 정당에 투표를 하기도 하는 것 같다.

일부 지역은 국회의원이든 지자체 장이든 지역민들이 지지하는 정당에서 공천권만 받으면 당선되기 때문에 국가에서 구태여 선거비용을 들이며 선거를 할 필요성조차 없는 민주주의를 역행하는 현상이 언제인가부터 지속되고 있는 것 같다.

선거가 필요 없을 정도의 정치 분야 지역이기주의는 극단적인 정치적 양극화를 심화시켜 국민들을 극도로 분열시키면서 정쟁을 가속화시켜 국가를 파국으로 몰고 갈 수도 있다는 점을 잊지 말아야 한다고 생각된다.

왜냐하면 민주주의에서 선거가 필요 없을 정도의 정치 분야 지역이기주의가 더 심화된다면 민주주의는 허울에 불과하게 되고, 국가의 이익을 우선하면서 일을 하여야 하는 책임과 의무가 있는 국회의원 등의 정치인들은 국가의 이득은 외면한 채 지역민들의 눈치를 더 보고 정치를 할 수밖에 없는 결과를 가져올 수도 있기 때문이다.

근래에 극단적인 정치적 양극화로 국론이 분열되어 세계 각국의 조롱거리가 될 만큼 심각한 미국을 보면서 우리나라에서도 점점 심화되고 있는 극단적인 정치적 양극화가 곧 큰 문제로 부상할 것이라는 염려가 들지 않을 수가 없다.

다음으로 큰 문제는 노동조합에 의한 집단이기주의인 것 같으며, 역사적으로 건전한 노동운동은 국가와 사회의 발전에 크게 기여를 해 온 것이 사실일 것이다.

하지만 근래에 우리나라에서 일고 있는 노동운동은 생산성을 초과하는 보수의 요구, 경영권의 침해, 지나친 정치참여 등으로 사회에 심각한 폐해를 끼치고 있다고 많은 국민들이 느끼면서 우려의 목소리가 점점 커져가고 있는 것 같다.

노조의 과도한 집단이기주의적 행동은 우리 사회에서 개선되어져야 할 집단이기주의 분야의 하나로 보이며, 만약 노조가 회사의 이익을 고려하지 않고 자신들의 이익만을 위한 행동을 한다면, 우리나라 수출산업의 경쟁력은 점점 나빠져 산업이 기울게 될 것이며, 그 짐을 고스란히 우리 후손들이 지게 될 것이라는 걸 알아야 할 것 같다.

많은 국민들이 언론노조가 언론사를 장악하여 경영권에 간섭을 할 정도가 되어, 언론이 언론의 구실을 못 하게 되었다고 걱정들을 하고 있는데, 이 부분도 국민들의 우려가 큰 만큼 사회적인 감시가 있어야 할 것으로 생각된다.

일선 교육현장의 교사들 노조는 그 구성원들이 우리나라의 미래를 이끌고 갈 어린이들을 가르친다는 중대한 책임을 지고 있는 교사들이라는 특수성 때문에 심각성이 더욱 크다 하겠다.

많은 국민들은 이념적으로 갈린 노조들이 근본적인 노조활동의 범위를 벗어나 노조를 승진에 이용하는 등의 심각한 도덕적 해이(Moral hazard)에 빠져 있다고 우려하고 있으며, 학생들의 교과서는 공평 타당한 사실을 담으려 노력해야 함에도 자신들의 이념에 부합하는 방향으로만 바꾸려고 하는 등 교사들이 자신들의 책임을 망각하고 집단이기주의에 빠져있다고 매우 우려하고 있음을 알고, 자신들이 학생들에게 가르치는 대로 부단한 자기 성찰이 있어야 할 것 같다는 생각이 든다.

그 외에도 종교, 공무원, 특정분야의 산업 등 작금 우리나라에서 일어나고 있는 집단이기주의는 너무나 많아 열거하기도 힘든 것 같다.

우리나라는 좁디좁은 국토를 가졌음에도 선배들과 우리들이 피와 땀으로 GDP가 세계 10위권이나 되는 경제대국으로 만들어 놓아 너무나 잘 사는 일이 복에 겨워, 이기주의에서 헤어나지 못하고, 나라가 망해가는 줄도 모르고 전국 각지에서 벌리고 있는 집단적 광분의 패 싸움질을 멈추었으면 하고 바라는 마음이 간절하다.

이제부터라도 우리 국민들 모두가 자신이 어느 분야의 집단에 속해 있는지를 돌아보면서 결국은 자신이 집단이기주의의 피해자가 될 수 있다는 사실을 알고 더 이상 집단이기주의에 편승하지도 말고, 국민들 개개인은 모든 집단의 구성원들이 바로 자신이거나 자신의 이웃, 친지이므로 국민 모두가 그 책임감을 느끼면서 "모두가 내 탓이오"라는 자기반성이 필요한 시점인 것 같다.

도덕불감증에 의한 도덕적 해이 등의 개인이기주의는 함께 깨닫기가 쉬운 국민들 모두의 문제이므로 국론이 통일되어 전 국민 도덕성 회복 국민운동이 전개된다면 금방 개선될 수 있는 문제라고 생각된다.

하지만, 국가를 운영하여야 하는 집단 등에 의한 집단이기주의는 단기간에 국가를 송두리째 망가트릴 수 있을 정도로 폐해가 큼에도 불구하고, 정치집단들의 관심이 국가와 국민의 이익이 아니고, 오직 자신들의 계속적인 집권연장이나 재집권의 환상에만 빠져 있으므로 자신들의 환상을 포기하기란 돼지가 하늘을 날만큼 어려울 것 같아 보인다.

따라서 국론 통일 자체가 불가능하므로 도덕성 회복 국민운동을 전개할 수 있는 기회조차 만들어지지 않을 테니, 우리나라의 미래가 매우 불투명해 보인다.

아래의 백범 김구 선생님의 말씀을 우리 모두의 가슴에 깊이 새겨, 집단이기주의를 탈피하는 전환점이 되었으면 좋겠다.

「최고의 문화로 인류의 모범이 되기를 사명으로 삼는 우리 민족의 각원은 이기적 개인주의여서는 안 된다. 우리는 개인의 자유를 극도로 주장하되 그것은 저 짐승들과 같이 저마다 제 배를 채우기에 쓰는 자유가 아니요. 제 가족을, 제 이웃을, 제 국민을 잘살게 하기에 쓰이는 자유다. 공원의 꽃을 꺾는 자유가 아니라 공원의 꽃을 심는 자유다.」

보통 사람이 본 대한민국

집단극화(集團極化)

 필자는 현재 우리나라가 겪고 있는 극단적인 정치적 양극화를 심화시키는 원인이 사회심리학 현상인 집단극화(group polarization)라고 생각된다.

 집단극화는 집단의 의사결정이 구성원 개개인의 평균치보다 극단으로 치우치게 되는 현상으로, 1961년에 제임스 스토너가 제창하였으며, 집단 내의 토론 과정에서 구성원들이 보다 극단적 주장을 지지하게 되어, 구성원 개개인의 의사를 평균한 것보다 훨씬 극단적으로 치우친 결론에 이르게 되는 사회심리학 현상이라 한다.

 개인으로서는 위험 부담을 느껴 주장할 수 없는 것까지도 집단이 되면 그 부담을 온전히 다 혼자 짊어지지 않아도 되므로 더욱 과격한 주장을 할 수 있게 되기 때문에 모험적인 주장에 동조가 일어나게 되어 집단극화가 나타난다고 한다.

 집단극화현상은 정치적 논쟁에서 쉽게 발생할 수 있다는데 진보적 사람들이 토론하면 극단적인 진보적 입장이 주목을 받아 모험적으로 변화하는 모험이행현상(risky shift)이 나타나고, 보수적인 사람들이 토론하면 보다 보수적으로 변화하는 보수이행현상(cautious shift)이 나타나며, 집단극화현상은 소셜미디어 등의 온라인 환경에 의해서도 강화된다고 한다.

인터넷 여론의 집단극화 현상은 익명성을 전제로 이뤄지는 소통 과정에서 자신의 입장에 부합하는 정보만을 선별하고 수용하여 자기주장을 강화하는 현상이 나타나, 개인의 정체성은 숨은 채 집단의 정체성이 부각되면서 적대적 집단 사이에 양극화 현상이 심화되어 나타난다고 한다.

집단극화를 거쳐 받아들여진 신념은 개인의 정체성을 형성하는 요소가 되어, 개인들의 태도 역시 극화시켜 기존의 믿음이나 성향을 더욱 강화시키고, 점차 사고가 과격하게 되어 특정한 누군가를 공격하는 등의 사건까지도 일어날 수가 있다고 한다.

이렇게 집단극화로 형성된 집단 내의 극단적 주장은 반대 측과 격렬한 갈등을 일으키기도 하고, 극단적인 정치적 양극화 현상을 심화시킬 수 있어 집단극화가 일어나는 나라에선 민주주의란 좋은 제도가 아니라고까지 말하는 사람들이 있다고 한다.

집단극화의 정치는 광적인 지지자를 통해 전달되고 극대화되기 때문에 사회적인 이슈가 부각되거나 선거철이 되면 사회는 극도로 집단 극화 현상을 겪는다고 한다.

자신과 비슷한 의견을 가진 사람들이 있는 집단에 소속감과 애착을 느끼게 되면서 집단극화현상이 더욱 심화되어 사람들이 자기가 바보가 된 줄도 모르고, 자기 집단이 이기면 무조건 옳은 줄 알아 해괴한 짓을 저지르기도 한다.

극단주의자들은 사물을 그대로 파악하기보다는 자신들의 믿음에 맞도록 재구성하기 때문에 정치적 갈등은 더욱 심화되고, 모든 정책 결정과정에서 타협이 없이 자신들의 생각하는 방향대로 무조건 밀어붙이는 일방통행식으로 일관할 수 있다고 한다.

응집력 있는 집단의 의사결정이 조직원들 각자의 목표나 생각, 가치가 반영되지 못하고, 하나의 동일한 방향성을 가지게 되는 경향을 집단사고(group think)라 말하는데, 집단이 집단사고의 과정을 거치게 되면 집단극화가 일어날 위험이 커지게 되고, 집단극화가 일어나는 집단은 더욱 내외부의 다른 견해를 용인하지 않는 집단사고의 경향이 더욱 강화되어, 외부에 대해 폐쇄적일 수 있고, 올바른 정보를 충분히 숙고하지 못하며 비합리적이고 재앙적인 의사결정을 할 수 있다고 한다.

역사적으로 보았을 때 이러한 극단적 주장이 집단 내에서 주도권을 잡게 되면 객관적인 상황 판단을 하지 못하고 잘못된 결정을 내릴 수 있어, 나치와 같이 무자비한 정권을 만들어 낼 수도 있다고 한다.

우리나라는 세월호 사고 이후 정치집단들이 명목상 진보와 보수라고 갈려 군중집회를 통한 지지 세력 모으기, 매스컴을 통한 지지층 확보하기, 소셜미디어, 인터넷 댓글, 청와대 국민청원 등 온라인 환경에서 지지층 모으기 등으로 편 가르기가 심화되었다.

양대 정치집단들이 집단극화현상으로 점점 강성으로 변하면서 상대 집단을 민주주의의 파트너로 생각하여 상호 대화에 의한 타협은 실종되었고, 상대집단을 혐오의 대상으로까지 생각하면서 각 집단이 자기들의 의도한 대로만 평행선을 달리면서 국민을 위한 정책은 실종되었고, 이벤트성 법과 정책에만 힘을 쏟아 민주주의는 실종되고, 경제는 파탄이 나, 국가가 존폐의 기로에 서는 위기에 놓일 것 같다.

이러한 집단극화현상을 방지하기 위해서는 회의 과정에 아래와 같이 반대를 위한 반대(devil's advocacy), 복수 주장의 지지(multiple advocacy), 변증법적 토의(dialectical inquiry) 등을 활용할 수 있다고 한다.

□ 반대를 위한 반대(devil's advocacy) : 회의 진행 중 한두 사람을 시종일관 반대하는 악역으로 설정하여 집단의 결정이 극화되는 것을 막는 방법이다.

□ 복수 주장의 지지(multiple advocacy) : 여러 의견에 대한 복수 주장의 지지를 인정하여, 의견의 다양화를 가능케 하는 의사결정 기법이다.

□ 변증법적 토의(dialectical inquiry) : 정반합의 변증법적 토의 과정을 거치는 것으로, 찬성과 반대로 구성원을 나누어 각각의 견해

를 듣고 토론을 한 후에 두 입장의 장점만을 취하는 토의 방법이다.

점점 강성으로 치닫고 있는 양대 정치집단들의 주요 구성원인 여·야 국회의원들이 당내에서 토의할 때나, 청와대 참모들이 정책 토의를 할 때, 이런 집단극화현상을 방지하는 토의 방법들을 활용하면, 집단극화현상을 감소시켜 극단적인 정치적 양극화현상을 조금씩 개선할 수 있겠다는 생각마저 든다.

집단적 나르시시즘

나르시시즘(Narcissism)이란 우리말로 자기애(自己愛, self-love)라 하며, 정신분석학적 용어로, 자신의 외모, 능력과 같은 어떠한 이유를 들어 지나치게 자기 자신이 뛰어나다고 믿거나, 자기 자신에게 애착을 느끼는 자기중심성 성격 또는 행동을 말한다고 한다.

이 단어의 유래는 물에 비친 자신의 모습에 반해서 물에 빠져 죽었다는 그리스 신화에 나오는 나르키소스의 이름을 따서 독일의 네케가 만든 용어라 한다.

자기 자신이 남보다 잘나거나 잘하는 점이 있으면 극도로 자신에 대한 과시와 자긍심에 넘쳐나지만 남보다 열등하거나 뒤처진 점이 있으면 지나치게 풀이 죽거나 자기비하를 하여, 협동이나 팀워크에 잘 적응하지 못하는 모습을 보이며, 타인의 처지나 입장을 고려하지 않고 자기중심적으로 세상을 관찰하고 타인을 재단하려는 모습을 보인다고 한다.

나르시시즘은 정상적 자기애와 병적 자기애가 있어, 자기 사랑이 지나치면 세상과 타인으로 향하는 마음의 문을 굳게 잠그는 병적 자기애로 발전하여, 프로이트는 이런 나르시시즘을 인격 장애의 하나로 판단했다고 한다.

개인적인 나르시시즘보다 집단적 나르시시즘(collective narcissism)이 훨씬 강도가 높으며, 자아도취적인 집단들은 본인들만이 선량하고 사회의 정의를 추구하며, 윤리적이고 도덕적으로 우수함을 과시하고, 타인들은 자신들과 비교하여 그러하지 못함을 비하하며 차별화하고, 다른 집단의 사람들이 자신들을 비판하면, 분노로서 공격성과 폭력성을 동반할 수도 있다고 한다.

집단적 나르시시즘은 집단 내 응집력 안에서 편안함을 느끼고, 자신이 속한 그룹이 특별하고 위대하다는 인식으로 자신의 집단에 자부심을 가지고, 다른 집단보다 우월하다는 것을 항상 보여주려 노력하고, 자신들에 대한 비판을 참지 못하며, 집단의 이익에 반하는 세력의 존재에 대해 과장된 위협을 느끼고, 집단에 대한 공격이 곧 자기 자신에 대한 공격으로 받아들여 상대 집단에 대한 복수심을 드러낸다고 한다.

정치가들에 의해 조작되거나 선동되기 일쑤인 이런 집단적 나르시시즘은 극단적인 배타와 광신, 증오를 낳고 자신의 의견에 동조하지 않는 사람을 말살하려는 광중을 낳는다고 한다.

우리나라 정부와 여당이 법과 정책을 추진하는데 거의 대부분을 야당과 타협하지 않고 밀어붙이기식 일변도로 가고 있음이 혹여 병적인 집단적 나르시시즘에 빠져, 자신들 편의 주장은 절대적 정의이며 선이고, 반대하는 세력은 모두가 불의이며 악이라고 착각에 빠져있는 것은 아닌지 심히 우려가 된다.

독일의 심리학자 에릭 프롬은 집단적 나르시시즘의 위험을 "이성(理性)을 잠재우는 치명적인 독약"이라 말했다고 하니, 우리 정치권도 자신들이 병적인 집단적 나르시시즘에 빠져 있는 것은 아닌지 반드시 돌아보아야 할 것 같은 생각이다.

군중심리

군중심리(Herd Mentality)란 많은 사람이 모여 있는 군중이 집단적 정신상태가 되면 개인의 개성은 사라지고 동질화되면서 비이성적이고 충동적이 되어 단순한 구호나 암시에도 쉽게 군중이 영향을 받아 그 암시가 빠르게 전파되어 자제력을 잃고 리더의 언동에 따라 행동하는 일시적이고 특수한 심리 상태라 한다.

어떤 목적을 가진 다수가 모여 북소리나 구호, 응원가, 함성, 박수 등으로 몸과 마음을 흥분시키면서 집단 군중상태가 되면 개인들이 모인 거지만 개개인의 모습과는 다른 집단특성을 갖는데, 개인의 이성적 사고력은 군중 속에서 사라지며 집단화된 군중심리가 지배하게 된다.

아무리 지적 훈련을 받은 지식인이라도 일단 집단정신의 군중에 사로잡히게 되면 지적인 능력은 약해지고 그들의 개성도 약해지므로 집단정신의 행동은 이성적이기보다 감정적인 행동이다.

군중 속의 개인은 집단 내에서 주변의 영향을 받아 다수를 따르는 편이 이익이 된다는 생각으로 다른 사람들이 많이 선택한 것을 따라서 하므로 유행하는 상품을 큰 고민 없이 구매하는 것처럼 일종의 모방심리이기도 하다.

군중심리로 서커스 행렬의 선두에 선 악대차를 따라가듯이 대세를 따르는 행위를 밴드왜건 효과(편승 효과)라 하며, 이런 현상은 합리적인 선택과는 거리가 있으므로 잘못된 선택을 할 수도 있다.

상황에 따라 군중심리는 매우 강력하게 작용할 수 있으며, 평소 개인의 생각과 전혀 다른 선택을 하거나, 눈에 보이는 명백한 사실을 부정하게 만들기도 하고, 다른 사람(집단)의 반대 의견을 수락하지 않는 경향이 있을 수도 있다.

여럿이 모인 군중이 집단적 정신상태가 되면 주변의 영향을 받아 대세를 따르는 일종의 쏠림현상 등에 의한 군중심리가 생기고, 어떤 사상에 자주 반복적으로 노출될 때 자신도 모르게 세뇌되는 현상이 생기는 것 같다.

몇 년 전 큰 이슈를 끌었던 비트코인 투자자의 급격한 증가사례 역시 비슷한 사례로 어떤 상품인지 개념의 이해가 부족한 상황에서 주변 많은 사람들이 투자하는 것을 보고 덩달아 투자하였던 경우도 군중심리에 의한 현상의 하나로 보기도 한다.

히틀러는 군중심리에 의한 집단의 비이성적인 단체행동을 끌어들여 파시즘과 군국주의에 이용하였다고 하며, 세월호 촛불집회, 대통령 탄핵을 위한 촛불집회, 정권에 반대하는 태극기 집회

등은 근년에 일어난 군중집회도 군중심리를 이용하려는 정치집단들이 주관하는 집회이므로 가능한 많은 군중들을 모아 감정적으로 격앙시켜 일어나는 군중심리를 전파하기 위한 전형적인 군중집회인 것 같다.

이런 집회들은 폭력이 수반되지 않은 비폭력적인 집회라는 점에서는 긍정적인 면이 있으나, 근래에는 우리나라에 민주주의가 정착되어 현행법으로 충분히 해결할 수 있는 일들인데도 불구하고, 대부분의 집단들이 자신들의 편에게 좋으면 집단지성으로 치부하면서까지 군중심리를 이용하여 국민들을 선동하는 불순한 목적의 집단행동을 여기에서 멈추어야 할 것이다.

세뇌

세뇌(Brainwashing)의 사전적 의미는 "어떤 사상이나 주의, 신념 등을 머릿속에 주입하거나 또는 받아들이도록 설득하여, 본래 가지고 있던 생각이나 행동을 개조하는 것"이라 한다.

사람의 마음을 지배하는 인간의 두뇌는 완전하지 못하여 반복적으로 노출되는 환경 여건에 쉽게 변화하고, 자신의 몸 상태에 따라 두뇌의 상태도 쉽게 변하므로 외부인들의 의도된 술수에 쉽게 이용되기도 한다.

어떤 사물이나 현상을 잘못된 시각으로 볼 수 있는 환경에 반복적으로 노출되거나, 비록 한 번이라도 매우 강한 영향을 받을 수 있는 경험을 했을 때는 자신도 모르게 사물이나 현상을 보는 시각이 그렇게 변하여 굳어지는 편견이 생기는 것 같다.

세뇌는 편견과 유사한 현상이지만 제3자에 의해 의도적인 수단이 개입되었다는 측면에서 구별되는 게 아닌가 하고 생각해 보았다.

세뇌교육은 대부분 세뇌자가 피세뇌자의 원하지 않은 행동, 가치관, 믿음 등을 바꾸기 위하여 의도적으로 어떤 사상이나 주의, 신념 등을 자신이 원하는 방향으로 피세뇌자의 머릿속에 주입하거나 또는 받아들이도록 만드는 과정을 말하는 것 같다.

피세뇌자가 타인으로부터 의도적으로 자신의 사상 등을 바꾸게 하기 위해 세뇌하려 한다는 사실을 알게 되면 반감이 생겨 받지 않으려 하기 때문에 세뇌교육의 의도를 숨긴 채 일반 교육처럼 티를 내지 않고 하는 경우가 많아 도덕적으로 나쁜 경우가 적지 않다고 한다.

세뇌교육의 효과가 발현되는 데까지 개인별로 시간차가 있긴 하나 아무리 머리가 좋고 영리한 사람도, 경험이 풍부한 사람도 집중적인 세뇌교육의 환경에 들어서면 대부분이 세뇌된다고 한다.

나이가 어린 사람들이 나이가 든 사람들보다 언어나 학문을 쉽게 배우고 익힐 수 있듯이 세뇌도 나이가 젊은 사람들이 빨리 되는 것 같은데 이것은 그만큼 젊은 사람의 두뇌는 어떤 지식이나 사상을 받아들이는 흡수 능력이 빠르기 때문이 아닌가 싶다.

세계적으로도 많은 집단의 사람들이 자신들의 목적을 달성하기 위하여 의도적으로 심리기술인 세뇌교육을 이용하여 여러 사람들에게 자신들의 사상을 주입시키는 일이 흔히 일어나고 있는 것 같다.

독재자들이 자신의 체제를 유지하기 위한 수단으로 매스컴이나 강연회, 자습회, 토론회 등의 집체교육을 통하여 체제의 우월성, 독재자의 영웅성 등의 시상을 지속적이고 반복적으로 국민들에게 노출시키는 방법으로 국민들을 부지불식간에 세뇌시켜 자신의 체제를 유지하는 수단으로 이용하여 왔다고 생각된다.

독재자와 특정집단과 같은 비정상적인 집단에 의해 국민들이 탄압받고, 국가의 통치가 그릇된 방향으로 가고 있음에도 불구하고, 정작 국민들은 자신들이 세뇌되었다는 사실을 모른 채 독재자와 특정집단들의 사상을 받아들여 그 체제의 우월성을 외치며 열광적으로 지지하게 되는 것 같다.

우리나라에서도 정치집단들에 의해 매스컴, 소셜미디어, 인터넷 댓글 등을 통하여 자신들에게 유리한 의견들을 유권자들에게 의도적으로 자주 많이 노출시켜, 유권자들이 부지불식간에 세뇌되도록 하여 자신들의 목적을 달성하려는 시도들이 자주 일어나고 있는 것 같다.

일부 종교에서도 지식인들을 포함한 일반인들에게 설교, 강연회, 부흥회, 자습회, 토론회 등을 통해 자신들의 교리를 자주 노출시켜, 사람들이 부지불식간에 세뇌가 되도록 하여 자신들의 종교가 신봉하는 신을 믿는 신도 수를 늘리는 것 같다.

독도는 땅이 너무 좁아 옛날에는 사람들이 상주하여 살 수가 없는 그냥 암초였기 때문에 비록 양국의 옛날 지도에 자기네 땅이라고 표기가 되어 있을 수는 있지만, 달과 같이 현실적으로 사람이 살 수 없는 땅으로서 역사가 있을 수 없는 땅임에도 불구하고, 한·일 양국이 서로 독도는 역사적으로 자기네 땅이라고 매스컴 등을 통하여 장기간 반복적으로 자국민들에게 노출시킴으로써 한·일 양국 국민들이 부지불식간에 세뇌되어 거의 양국 국민들 99%가 독도는 역사적으로 자기네 땅이라고 생각하고 있는 것도 바로 세뇌교육의 효과일 것이다.

많은 집단들이 군중집회를 여는 것도 집단 군중상태에서 일어나는 감정적인 군중심리를 이용하여 사람들을 세뇌시켜 자신들의 사상을 많은 사람들에게 주입시키고 쉽게 전파하기 위한 수단인 것 같다.

개인이든 집단이든 우리가 사회생활을 해 가면서 다른 사람이나 집단에 의해 자신이 부지불식간에 세뇌되어 어떤 사물이나 대상을 바라보는 시각이 변형되어 있는지를 늘 경계하며 살아야 할 심리현상인 것 같다.

군중집회

많은 사람이 같은 목적을 가지고 함께 모여 벌이는 집회로 우리나라는 촛불집회, 태극기집회, 노조집회, 각종 반대집회, 지역별 이해집단 간의 집회 등 많은 대규모 집회가 너무나 빈번하게 열리고 있어, 우리나라 전역이 군중집회 장소인 것 같다.

2002년 한·일 월드컵 때와 같이 국민들을 단결시켜 국가와 사회에 좋은 영향을 주는 군중집회가 있는 반면, 대부분은 일부 집단들이 군중심리를 부추겨 국민이나 다른 집단에게 보여줄 실력 행사장으로 변질되어, 국민들의 분열을 촉진시키는 원인이 되고 있는 것 같다.

우리 헌법에 모든 국민은 집회·결사의 자유를 가지므로 어느 집단이 되었든 정당하게 요구하는 집회를 허용하지 않을 수는 없어 국가나 지방자치단체에서 공권력으로 무조건 집회를 막을 수는 없을 것 같다.

나치 독일의 히틀러가 군중집회를 열어 계획적이고 의도적으로 군중심리를 이용하여 자신의 사상을 국민들에게 쉽게 주입하고 전파하여 파시즘과 군국주의를 일으킬 수 있었고, 제2차 세계대전을 일으켰고, 유태인을 학살할 수 있었다고 한다.

2008년 미국산 쇠고기를 수입하는 협상이 체결되면서 광우병 논란을 키우기 위해 촛불을 든 군중집회로 많은 지성인들조차 동조하면서 엄청난 사회적 파문을 일으켰지만 나중에는 근거가 없는 해프닝으로 끝났던 일이 있었다.

이런 집회들은 폭력이 수반되지 않은 비폭력적인 집회라는 점에서는 긍정적인 면이 있으나, 근래에는 우리나라에 민주주의가 정착되어 현행법으로 충분히 해결할 수 있는 일들인데도 불구하고, 대부분의 집단들이 집단으로 모인 군중들 개개인은 물론이고, 매스컴으로 군중집회를 보는 국민들도 군중심리를 일으키게 하여 자신들이 주창하는 사상을 쉽게 전파함으로써 자신들의 목적을 달성하려는 불순한 목적을 갖고 있어 폭력에 가깝다고 할 수 있을 것 같다.

양대 정치집단들에 의해 대규모로 열고 있는 정치권의 군중집회로 인해 참가자는 물론이고, 매스컴을 보는 국민들도 부지불식간에 군중심리에 얽혀들어 편 가르기에 동참하게 되는 것 같은 생각이 든다.

우리나라 양대 정치집단들의 집단극화 현상으로 더욱 강성이 되어 가면서 조선시대의 사색당파보다도 더욱 심각한 수준의 파벌싸움이 되어 양대 정치집단 간의 협치는 이미 물을 건너간 지

오래됐고, 자신들의 정권연장이나 정권을 잡는 데만 혈안이 되어, 군중심리를 이용하기 위한 대규모 군중몰이의 군중집회를 열어, 단시간에 민심을 자신들 편으로 만들어 법치국가에서 법까지 무력화시키려는 시도들이 있었던 것 같다.

이제 우리 국민들은 이런 정치적 군중집회에 참석하거나 동조하는 일이 국가를 파멸시키는 일에 동참하는 결과가 될 것이라는 점을 인식하고, 집단 정치집회에 참석하지도 말고, 지원하지도 말며, 냉철히 판단하여 참정권 행사로서 국가가 올바른 방향으로 가도록 만드는 것에만 집중할 때인 것으로 보인다.

지금 우리나라에서는 양대 정치집단이 주장하는 정반대 논리를 가지고 서로 정의라고 주장하려면 점점 더 큰 대규모 군중집회를 열어 세몰이를 하려 할 텐데, 어쩌면 서울역 광장이나 광화문 앞에 군중 수를 측정하는 계수기를 놓는 날이 올 수도 있겠다는 생각이 들기까지 한다.

군중집회는 집단적인 정신 상태에서 개인의 개성은 사라지고 동질화되면서 비이성적이고 충동적이 되어 집단특성을 갖는 변형된 군중심리를 이용하기 위해 획책하는 것으로서, 지금같이 국론이 분열된 상태에서 일어나는 군중집회의 논리는 아무리 대규모라 해도 양 집단을 지지하는 논리밖에 지나지 않아, 사회 정의는 결코 아닐 것 같다.

국가의 정의를 수호하는 최후 보루인 법조인들이 정치인들의 편 가르기에 끼지도 말고, 법을 편향되지 않게 엄정하게 집행함으로써 더 이상 아무리 큰 군중집회를 열어 세몰이를 하더라도 소용이 없음을 깨닫게 하여, 파국으로 치닫는 우리나라를 지켜주었으면 하는 바람이 간절하다.

정치집단들은 물론이고 모든 집단들이 세계적으로 가장 많은 법을 보유하고 있는 나라 중의 하나임을 감안하여, 문제가 있으면 법으로 해결하려는 성숙한 국민이 되어야 우리나라가 계속 건전하게 발전하는 나라가 될 것 같다는 생각이 든다.

전국이 집단 시위장

전국의 광장, 관공서, 대기업의 정문 등이 집단 간의 시위(demo) 장소가 되어 있고, 청와대 국민청원, 소셜미디어 등 온라인 장소도 집단 간의 실력 행사장이 되어 있으며, 전국의 가로에는 집단별 투쟁구호가 적힌 벽보로 도배가 되어 있음을 보면서 우리나라의 전국 방방곡곡은 시위장소가 아닌 곳이 없어 보인다.

필자가 시위 현장에서 보았던 주제를 기억나는 대로 아래에 적어보려 하니 주제들이 하도 다양하여 기억을 다할 수 있다면 시위 주제만으로도 책 한 권이 될 것 같다.

□ 광화문 광장의 정부규탄 촛불 시위
□ 서울역 광장의 정부규탄 태극기 시위
□ 국회 내의 신규 법안 제정 또는 법 개정 반대 시위
□ 검찰의 불공정한 기소에 대한 시위
□ 법원의 불공정한 판결에 대한 시위

□ 관공서마다 정문 앞의 불공정 민원처리에 대한 시위

□ 미국산 소고기 수입 반대 시위

□ 도로의 터널 설치 반대 시위

□ 고속도로나 전철의 통과 노선 조정 시위

□ 매립장, 소각장, 쓰레기 적환장 등 환경오염시설 설치 반대 시위

□ 특고압 송전선 설치 반대 시위

□ 가축양육시설 설치 반대 시위

□ 일조권 침해 등을 이유로 아파트 건설 반대 시위

□ 일조권 침해 등을 이유로 주변에 빌딩 건설 반대 시위

□ 종교시설 입주 반대 시위

□ 관공서 이전 반대 시위

□ 정류장 이전 반대 시위

□ 개발 행위 지역에는 보상 불만족 시위

□ 대기업 앞에는 손해 보상요구 및 불공정 시비의 시위

□ 기업 앞의 노조 시위

□ 건설 현장 앞에는 집단 시위를 대신하는 대형 확성기의 노랫소
리에 의한 시위

우리나라는 법치국가로 세계적으로도 법이 가장 많은 나라 중
의 하나일 정도로 온갖 상황에 맞는 법을 다 제정하여 놓았음에
도 불구하고, 옛말에 "법보다 주먹이 앞선다."라는 말이 있듯이
법에 호소하면 질 수 있으니까 사람들을 최대한 끌어모아 단체

시위를 하여 얻는 반대급부의 보상들을 노리는 이기주의가 성행하고 있다.

큰 집단이든 작은 집단이든, 정치권이든 지역집단이든, 민간단체이든 공정하게 법에 호소하기보다는 폭력과 별로 다를 바 없는 집단시위에 목숨을 걸고 있는 것 같다.

정치집단의 이해와 관련된 집단시위를 잘 주도하면 집권을 할 수도 있고, 정치집단들에게 경력을 인정받아 국회의원이나 지방의회 의원도 될 수 있고, 이해관계가 있는 곳에서 시위를 잘하면 반대급부로 금전적 보상이 돌아오니, 우리나라의 이해관계가 있을 만한 곳은 모두 시위장소가 아닌 곳이 없게 되면서 국민들에게 점점 더 많이 전파되고 있는 것 같다.

어떤 경우는 이웃 부지에 건물 짓는 것을 시위를 이용해 금전적 보상을 받고, 자기들이 건물 지을 땐 또 이웃에게 시위를 당하여 금전적 보상을 해주는 일도 생기니 참 희한한 세상인 것 같다.

국가의 이익이나 다른 사람을 배려하기보다 자신과 집단의 이익을 우선하여 법보다 주먹이 앞서는 우리나라가 이 상태로 지속되는 한 우리나라는 가만히 내버려 두어도 그냥 후진국으로 내려앉게 될 것으로 생각된다.

그리 안 되면 이상한 나라일 정도로 상황이 악화되어 가는데도 나라를 책임지고 운영해야 할 정치권들은 자신들도 동일하게 집단이기주의에 빠져 관심도 없어 보이니 걱정이 크다.

정치권과 온 국민이 현재 국가가 처한 상황을 잘 인식하고 대오 각성하여 분열된 국론을 통일하고, 너무도 비정상적인 사회풍토를 지금 바로 잡지 못하면, 우리나라는 영영 기회가 없을 것 같다는 생각이 든다.

우리나라는 매우 좁은 국토임에도 불구하고 선배들이 피와 땀으로 일구어 놓아 GDP 기준 세계 10위권의 경제대국이 되어 풍족해진 이 나라가 복에 겨워서, 다른 사람들의 것을 하나라도 더 빼앗아 보겠다고 전국 각지에서 벌리고 있는 집단 시위들을 이제는 멈추었으면 하는 마음 간절하다.

아래의 백범 김구 선생님의 말씀대로 진정한 자유의 의미를 깨달아야 할 때인 것 같다.

「자유란 무엇인가, 절대로 각 개인이 제멋대로 사는 것을 자유라 하면, 이것은 나라가 생기기 전이나 저 레닌의 말 모양으로 나라가 소멸된 뒤에나 있을 일이다. 국가 생활을 하는 인류에게는 이러한 무조건의 자유는 없다. 왜 그런가 하면 국가란 일종의 규범의 속박이기 때문이다. 국가생활을 하는 우리를 속박하는 것은 법이다.」

선동 정치

선동정치란 자신의 목적을 이루기 위하여 여론이나 사람들을 부추겨 어떤 일이나 행동에 나서도록 하는 정치라고 한다.

정당정치는 건전한 정책대결을 통하여 국민들의 마음을 끌어들여 민심을 얻으면서 상대당과 배려와 협조에 의한 타협으로 자신들이 추구하는 정치를 추진하여야 할 텐데, 고도의 법치주의가 실천되고 교육의 수준이 높은 선진 국가에서도 선동정치를 완전히 배제하지는 못하는 것 같다.

언론과 출판의 자유, 집회와 결사의 자유 등이 보장된 자유민주주는 선동정치가 일어날 수밖에 없는 구조로 민주주의의 큰 약점일 것 같다는 생각이 든다.

나치 독일의 히틀러는 제2차 세계대전을 일으켜 주변국들에게 수많은 고통을 주었음은 물론이고, 친위대인 비밀경찰을 조직하여 나치를 반대하는 국민들을 말살하였다. 또한 순수한 아리안 혈통을 지킨다는 명목으로 뉘른베르크 인종차별법을 만들어 모든 유대인과 유대인의 배우자 등 이들 공동체에 속한 사람들을 완전한 정치적 권리를 소유하는 독일제국의 시민이 될 수 없도록 하였다. 정치, 경제에서 완전히 배제시키고도 부족하여, 가스실 등에서 600만여 명의 무고한 유대인의 목숨을 빼앗는 중대한 죄악을 저지른 사람이다.

히틀러는 의회를 해산하고 헌법의 기능을 마비시켰으며, 사법부를 장악하여 판사를 임명할 때도 공화국에 대한 충성도와 정치적 성향을 기준으로 삼았다. 매스컴을 장악하여 민주주의 기본을 무너트린 채, 정치에서 선동의 역할을 가장 우선적이고 중요한 것으로 보아, 일부 국민들의 부정적 감정이 있는 유대인들에 대한 반유대주의를 부추겨 국민들을 자극함으로써 당시의 열악했던 사회 경제적 상황을 유대인에게 떠넘기려는 작전을 수행했다.

당시는 정보를 라디오 방송에 의존하고 있기 때문에 라디오 전파를 독점하고, 군중집회를 열어 가두행진을 하면서 "찬양 히틀러(Heil Hitler)"를 외치게 하는 등의 현란한 웅변술로 군중심리를 이용하면서 국민들을 적극적으로 선동하여 절대적인 지지를 이끌어냈다고 한다.

미국의 트럼프 대통령도 다른 나라에서 미국인이 1명만 사망하는 사건이 일어나도 해당 국가에 온갖 협박과 보복으로 자국민 1명의 보호에도 최선을 다하는 것처럼 호들갑을 떨어왔지만, 코로나의 초기대응 실패로 코로나 발생 1년 사이에 40만 명 이상의 사망자를 나오게 하였다.

지난 대통령선거에서 트럼프가 부정선거라고 주장한 사례가 객관적으로 인정되지 않고 있음에도 부정선거를 주장하면서 자신의 지지자들을 선동해 발생한 지지 시위대가 의회를 폭력으로 점거하게 하는 등의 큰 잘못을 저지르고도, 잘못을 뉘우치기는커녕 지금도 자신의 트윗으로 부정선거를 주장하며 국민들을 선동하고 있다고 한다.

미국은 시간이 갈수록 인종적 다양화는 심화되고 있어, 2018년 백인의 인구수가 약 60%라고 한다. 이들은 미국 사회에서 절대적 우위를 상실하거나 자신들의 지위가 약화되는 것을 두려워하기 때문에 트럼프는 이를 자극하기 위해 노골적인 백인 중심주의를 주창하고 있다.

"Make America Great Again(미국을 다시 위대하게!)" 등의 구호를 만들어 외치는 등 매사에 확신에 찬 트럼프의 말솜씨에 의한 선동에 미국인들 과반수가 용기 있는 사람으로 트럼프를 지지하게 되면서 대통령에 당선되었었고, 지난번 선거에서도 근소한 차이로 낙선하였다.

히틀러나 트럼프를 보면서 한 국가의 최고 지도자를 선출하는 제도가 다수결에 의한 민주주의적 제도라 할지라도 가장 훌륭한 사람이 뽑히기보다는 그 시대의 트렌드에 맞도록 국민들을 잘 선동한 사람이 뽑힐 가능성이 많다는 것을 알 수 있다.

민주주의 사회에서는 위정자들의 선동정치에 국민들이 넘어갈 수밖에 없는 구조이므로 국가가 운이 없어 국민들이 훌륭한 줄 알고 선택해준 정치지도자가 국민들을 선동하기를 잘하는 겉과

속이 다른 지도자였다면 국가에 찾아오는 불행을 막기는 어렵겠다는 생각이 든다.

우리나라의 정치집단들은 국민들에 당장 자극을 줄 수 있는 이웃 나라와의 갈등, 과거사 청산, 환경문제, 안전문제, 지역 개발, 청년 일자리 등 국민들이 관심을 가질 수 있는 사회문제들을 과도하게 부추기면서 국민들을 선동하여 반사이익을 보려 하거나, 약자를 보호하여야 하는 국가의 기본적인 역할이 중요하긴 하지만, 젊은 사람과 나이 많은 사람, 남자와 여자, 기업인과 노동자 간, 많이 가진 자와 적게 가진 자, 지위가 높은 자와 낮은 자 등 사회 구성원들을 이분법적으로 나누어 계층 간의 갈등을 일으키면서, 국민들을 지나치게 선동하는 이벤트성 법과 정책의 개발에만 계속 집중함으로써 극단적인 정치적 양극화로 민주주의를 점점 후퇴시키고, 국민들을 분열을 더욱 심화시켜 간다면, 우리나라의 장래가 매우 불투명하게 될 수밖에 없다는 생각이 든다.

이제 우리 정치권은 선동정치로 인하여 극단적인 정치적 양극화에 의해 국론이 심각하게 분열되고 있음을 잘 인식하고, 진정 국가와 국민들을 위한 정치를 실행하여, 역사에 오명을 남기지 않는 떳떳한 정치인들로 남아주었으면 좋겠다는 생각이 절실하다.

국민들도 앞으로는 자극적인 이슈들을 꺼내어 선악 이분법으로 동정심과 분노를 유발시키는 선동적인 말투로 국민들을 현혹하는 이중인격자를 지도자로 뽑아주는 일이 없도록 각별히 조심해야 할 것 같다.

청와대 국민청원

청와대 국민청원은 도입 목적이 청와대가 국민과 직접적 소통하기 위한 매우 건전하고 진취적인 제도로 출발한 것 같다.

청와대는 국민청원 게시판을 개편하면서 욕설·비방·중복 등 부적절한 청원의 노출을 차단하기 위해 30일 이내에 100명 이상 사전 동의를 받은 게시물에 한해서 청원 게시판에 공개하고 있으며, 청원에 30일 동안 20만 명 이상의 동의 서명이 모이면 정부 관계자의 공식 답변을 30일 이내에 들을 수 있도록 했다고 한다.

아무리 좋은 제도라도 그것을 운용하는 구성원들의 의도가 좋아야 성공할 수 있을 것인데, 이 글을 쓰면서 처음으로 청와대 국민청원 게시판을 방문해 보니 게시판 글의 내용 중 미래, 성장 동력, 행정, 인권 등의 주제는 동의자들 수가 적어 관심을 받지 못하고 있었으나, 정치적인 이슈들에 대해서는 유사하거나 동일한 이슈를 찬성과 반대의 논리로 만들어 자신들의 집단에 세 불리기라도 하듯 일반적인 주제와 비교할 수 없이 동의자들을 끌어모으고 있음을 느꼈다.

필자는 SNS를 통하여 정치적 이슈들에 대해 청와대 국민 청원에 동의해 달라는 친구들의 메시지를 받아 본 적이 있었지만 이 글을 쓰기 전까지는 별로 관심을 갖지 않았다.

근래 우리나라 국민들이 집단이기주의가 점점 극단으로 치닫고 있어서인지 작금의 청와대 국민청원의 내용별 동의인 숫자를 보면서 우리 사회의 극단적인 정치적 양극화가 얼마나 심해졌는지를 실감할 수 있게 되었다.

청와대 국민청원은 대규모 군중집회와 비슷하게 극단적으로 양극화된 집단들의 실력 행사장이 된 느낌이고, 동의를 서명하는 숫자의 크기로 청원내용의 중요도로 판가름하려는 제도이다 보니, 집단이기주의를 더욱 부채질하여 국민들을 양극화로 몰고 가는 촉진제 역할을 하고 있다고 느껴졌다.

청와대는 양극화된 국민들의 실력행사장이 되어 부작용이 생기고 있는 청와대 국민청원제도를 대폭 개선하여야 된다는 생각이 든다. 예를 들어, 정치적 양극화에 의해 집단이기주의를 더욱 부채질하고 있는 정치적 이슈가 되는 주제들은 누적 동의제도를 없애거나, 다른 주제라 하더라도 누적 동의제도를 개선하여 동의자 수에 관계없이 청원 내용의 합리성과 필요성만을 검토하여 답변하도록 개선하였으면 좋을 것 같다고 나름대로 생각을 해본다.

현재 정부의 각 부처 단위로 국민들이 궁금해하거나 이의를 제기하는 문제에 대해 직접 방문을 하지 않고 인터넷으로 각 부처에 질의를 하여도, 각 부처의 담당자들이 빠른 시기에 답변을 주어 아주 좋은 소통의 장이 되고 있는 제도가 있는데, 정치적인 이슈들을 빼고는 청와대 국민청원이 그 제도와 어떤 차별성이 있는지 잘 모르겠다.

청와대 국민청원은 좋은 의도로 만들어졌고, 장점이 있음에도 불구하고 사회적으로 큰 문제로 대두되고 있는 정치적 양극화를 더욱 부추길 수 있는 단점이 너무나 커 보이기 때문에 개선이 시급한 것 같다.

보통 사람이 본 대한민국

코로나 바이러스(COVID-19)

코로나 바이러스는 종류가 여러 가지가 있지만, 요즘 유행하고 있는 코로나 바이러스인 COVID-19는 2019년 12월 중국 후베이성 우한시에서 발생한 이후 세계적으로 확산된 신종 코로나 바이러스이다.

신종 코로나 바이러스는 과거 세계적으로 가장 피해를 주었던 14세기 전염병의 일종인 페스트 즉 흑사병이 유럽에 전파되어 유럽 인구의 3분의 1 정도가 목숨을 잃을 정도로 피해가 컸었다는 전염병 사례 이후 세계적으로 가장 피해를 많이 주고 있는 전염병이 된 것 같다.

당시에는 대륙 간에 이동이 원활한 교통수단이 없어 다행히 아시아와 같은 다른 대륙에 피해를 주지 않았지만 지금은 대륙 간의 이동이 하루가 채 안 걸릴 정도로 빠른 데다가 국가 간의 교역이 매우 크게 증가하여 이동인구도 헤아릴 수 없이 많아져 세계는 한 나라나 마찬가지가 되었다.

이번 코로나 바이러스로 인하여 일어난 국가 간에 사람의 이동을 막는 것과 지역 간에 사람의 이동을 막는 것은 국가 간, 지역 간 교역을 막는 것이 되므로 국가와 개인의 경제를 마비시키게 되어 장기간 할 수는 없다는 걸 느끼게 되면서, 만약 더 치명적인 전염병이 생기면 인류는 멸종이 될 수도 있겠다는 생각까지 들게 하는 것 같다.

코로나 바이러스는 다른 전염병과 비교할 때 치사율이 월등히 높은 것 같지는 않은데도 불구하고, 감염을 전파하는 속도가 매우 빨라 기하급수적으로 많은 환자를 배출하기 때문에 상대적으로 엄청난 사망자를 발생시키고 있는 것 같다.

이와 같이 전파력이 빠른 전염병은 전파가 일어나는 원인과 과정을 정확히 파악하여 그 원인과 과정을 차단하는 것이 전파를 막거나 줄여 환자 수를 줄이고 사망자를 감소시키는 데 가장 중요한 일일 것 같다.

중국을 보면 최초 발생지라서 초기에 대응이 서투를 수밖에 없어 다른 나라로 전파시켜, 세계적인 팬데믹(Pandemic)까지 오게 하였지만, 그 후 지역사회의 차단 등 전파경로를 비교적 빠르게 차단하고 개인위생을 잘 지켜 빠른 시일 내에 코로나를 잠재울 수 있었던 것 같다.

미국, 유럽 등 많은 나라들은 지역사회의 차단, 마스크 착용 등 전파경로를 제때에 시행하지 못하여 전파를 막지 못하고, 2021년 1월 16일 세계의 코로나 감염자가 1억 명에 가깝고 2백만 명이 넘는 사망자를 내어 국가 간에 전쟁으로 죽은 사람과 비교가 되지 않을 정도로 한꺼번에 많은 희생자를 낳고 있다.

하지만 우리나라는 중국과 가깝고 교역이 많아 우한에서 발생한 전염병이 코로나로 밝혀진 후 불과 한 달 뒤인 2020년 1월 20일 최초의 확진자가 발생하였음에도 불구하고, 정부와 의료진이 잘 대처하여 2021년 1월 16일 확진자 71,241명, 사망자 1,217명으로 다른 나라에 비해 비교적 확진자 수도 적고, 사망률도 세계평균인 2.1%보다 적은 1.7%를 나타내고 있는 것 같다.

필자가 볼 때, 코로나 바이러스의 크기는 10억분의 1단위의 나노미터 크기의 입자를 관찰 할 수 있는 특수 전자현미경으로만 볼 수 있을 정도로 매우 작은 크기이므로, 만일 바이러스가 입자 단독으로 전파된다면 섬유 마스크를 대부분 통과할 수 있어 마스크를 써도 비말전파보다는 차단율이 훨씬 적을 것이지만, 바이러스가 단독이 아닌 비말에 포함된 채 전파되며, 비말이 액상이면서 바이러스보다 크기가 커서 사람이 마스크를 쓰고 호흡할 때 비말이 섬유 사이를 통과하면서 섬유에 부딪힘이 일어나 대부분의 비말이 제거되어 마스크는 가장 중요하고도 기본적인 코로나바이러스의 전파를 차단하는 수단이라고 할 수 있을 것 같다.

그런 점을 감안하여 우리 정부에서는 코로나 바이러스 전파 초기에 마스크 보유량이 모자랐지만 가능하면 국민들에게 골고루 공급하기 위하여 공적 마스크 판매하면서까지 마스크 쓰기를 권장하며 잘 대처해 왔다.

우리나라보다 선진국이라는 미국의 트럼프 대통령이 마스크를 쓸 필요 없다고 하는 걸 보고 필자는 저건 미친 짓이나 다름없다고 집사람에게 말했었다.

현재까지 우리나라가 코로나 감염자 수를 줄여 사망자를 줄일 수 있었던 데에는 코로나 발생 후 즉시 정부에서 전염병 차단을 위한 방역지침을 발표하고, 아래와 같은 조치들을 국민들에게 전파하고 계도하여 코로나의 감염경로를 잘 차단하였기 때문인 것으로 생각된다.

□ 손 자주 씻기 등의 개인위생 지키기
□ 마스크 착용, 기침할 때 입 가리기 등 공중위생 지키기
□ 2미터 이상 사회적 거리 두기
□ 집단 모임 자제하기 등 국민에게 감염경로 차단방법 전파
□ 공적 마스크 공급을 시작으로 조속한 마스크 확보
□ 감연자 주변의 신속한 역학조사로 확진자의 밀접 접촉자와 호흡기 관련 질환자의 신속한 진단검사
□ 우리나라에서 최초로 개발한 자가 차량 내에서 진단검사(Drive-through)
□ 확진자의 검사, 치료 등 의료진들의 자발적이고 희생적인 봉사

정부의 노력 뒤에는 코로나 감염 차단 조치들로 생계를 이어가기 힘든 상황에서도 정부의 조치에 잘 따라준 국민들과 소상공

인들이 있었기 때문이었으므로, 소상공인들의 손해액은 코로나 기간의 전년 동기 대비 부가가치세 세무신고액 등을 비교·분석해 추산한 금액에 대해 일정 비율로 보전해 주거나, 세금을 감면해 주면 좋겠다는 개인적인 생각이 든다.

우리나라가 코로나 감염자의 사망률을 다른 나라들보다 낮출 수 있었던 배경에는 우리나라의 의료 수준이 다른 나라들보다 높은 것도 있지만, 의료인들의 사회를 위한 희생정신이 무엇보다 크다고 생각되어, 국민들은 의료인들에게 감사의 마음을 가져야 하며, 중요한 것은 자신의 이익보다 사회의 이익을 더 생각하는 마음을 반드시 우리나라 정치인, 법조인 등 많은 국민들이 본받아야 한다.

국민 한 사람의 목숨이라도 더 구해보려는 의료인들이 갖는 불굴의 희생정신이 있는 반면, 일부 종교인들은 자신들의 종교적 율법을 앞세워 정부의 방역지침을 위반한 채 코로나를 확산시킬 위험이 큰 집단 종교행사를 열어 국민들의 생명을 위협하고 있는 일들이 있는데, 이 사회는 모든 종교인들과 무신론자들이 함께 공동체를 이루면서 살아야 하는 세상이므로 자신들의 종교적 율법도 중요하지만 사회의 규범이 더 우선함을 알고 사회적 책임을 다하는 종교인이 되어야 할 것 같다.

세계적으로 코로나는 이미 대유행을 하였고, 우리나라도 전국 각지로 전파가 되어 있어, 초기 1~2년은 지금과 같이 전파차단에 의한 사망자를 줄이는 데 주력하여야 함이 당연하겠지만, 발생

후 어느 시기가 지난다면 코로나도 독감들과 같이 이미 풍토병이 되어 있을 터이므로 풍토병으로 인정하여야 한다. 정부가 다른 나라들에 비해 조기 백신확보에 비록 실패를 하긴 했지만, 전 국민 백신접종과 치료제 개발 등에 의한 조기 면역력 증강으로 코로나가 자연적으로 도태되기를 기대할 수밖에는 없을 것 같다.

우리나라가 구제역, 고병원성 조류인플루엔자 등과 같은 가축전염병이 발생한 지 수년이 지나 이미 풍토병화 되어버린 가축전염병들을 인정하지 아니하고, 가축전염병이 생기는 지역의 살아 있는 소, 돼지 등 가축들 수백만 마리를 매몰·처분하여 가축전염병을 없애기는커녕, 엄청난 경제적 손실과 함께 매몰지역의 지하수 오염, 토지의 사용불가, 주민들과의 갈등 등으로 오히려 더 큰 문제점들을 만들어 온 사례를 보면서 코로나도 어느 시기가 되면 풍토병으로 인정하고 현명하게 잘 대처하여야 할 것이라는 생각이 든다.

흑사병 이후 유럽에서는 인구 감소와 위기의식을 갖게 되어, 인간의 노동력을 대체할 기술에 투자를 하기 시작했고, 유럽의 식민주의 팽창을 부채질하여 위기를 기회로 극복하였다고도 한다.

옛말에 "위기 뒤에 기회가 온다."라고 하듯이 필자는 우리나라가 코로나의 위기를 극복한 과정을 돌이켜 보면서 극단적인 정치적 양극화에 의한 국론분열로 파국으로 가고 있는 우리나라도 위기를 오히려 기회로 삼을 수 있겠다는 희망의 메시지를 본 느낌이 든다.

코로나와 같은 국가적 위기 상황에서 정부에서는 코로나의 전파경로 차단을 위하여 전체 매스컴을 통하여 전파 경로 차단의 국민운동을 펼쳐 세계적인 모범국가로 발돋움하며 위기를 극복하였듯이, 우리나라의 최고 지도자들과 양대 정치권들이 현재 우리나라가 처하고 있는 극단적인 정치적 양극화에 의한 국론분열이 너무나 심각하여 파국으로 치닫고 있는 심각한 위기상황을 깨닫고, 모두가 합심하여 코로나를 극복하였듯, 전체 매스컴을 통한 국민의식 개혁운동을 전개한다면 탈출로가 보이지 않을 것 같던 긴 터널 안에서 충분히 빠져나올 수 있겠다는 생각이 든다.

정치권을 비롯한 온 국민들이 합심하여 분열된 국론을 통합하고, 국민의식 개혁운동을 전개하여 국난을 슬기롭게 극복함으로써 우리 후손들에게 부끄럽지 않은 나라를 물려 줄 수 있게 되기를 간절히 그리고 또 간절히 기원해 본다.

정치인

정치인은 정치에 종사하는 사람으로서 대통령, 장관, 국회의원, 지방자치단체장, 지방의회 의원 등이 될 것 같다.

이와 같이 정치인들은 막강한 권한을 가지고 국가와 지방자치단체를 운영하는 정책을 수립하고 집행하는 직접적인 관리자이므로 한 국가에서 정치인은 다른 어느 분야의 지도자들보다 역할이 크다고 하겠다.

민주주의 국가에서는 정치 지도사를 잘못 선출하여 피해를 보는 국민들은 정치 지도자를 탓하겠지만 이런 정치인들을 선출하는 권한을 국민들이 행사하므로 정치인과 국민들 사이는 마치 "닭과 계란의 사이"와 같아 누가 먼저라고 말하기 힘들 것 같긴 하다.

역사적으로 세계의 각 국가들은 잘못된 정치 지도자를 선출하였을 때 국가가 망가지고 국민들의 삶이 추락하는 사례는 너무나 많았던 것 같으며, 정치집단이나 지도자들은 당시의 트렌드를 알고 국민들을 잘 선동하여 단시간에 국민들을 자기편으로 끌어들여 시류에 편승하여 선출되는 사례가 많았던 것 같다.

비근한 예로 미국의 트럼프 대통령은 선거 결과가 박빙으로 가고 있는 중인데도 자신의 승리선언을 하고, 코로나를 잘못 대처하여 제2차 세계대전에서 사망한 미군 40만 5천 명보다 많은 미국인이 사망토록 하고도 그의 지지자들이 의회를 점거하여 민주주의 종주국으로서 위신을 땅바닥으로 떨어뜨리게 한 사람인데, 선거 당시 미국의 트렌드를 알고 국민들을 잘 선동하여 대통령에 당선된 사례가 있을 정도로 선거는 가장 훌륭한 지도자를 뽑을 수도 있지만 그 시대의 트렌드에 맞는 지도자를 뽑을 확률이 더 큰 것 같다는 생각이 든다.

위와 같이 민주주의에서 다수결이 항상 가장 훌륭한 선택을 하지는 않지만, 그보다 좋은 방법이 없어 어쩔 수 없이 다수결을 선택할 수밖에 없다는 사실을 유념해야 할 것 같다.

우리나라도 마찬가지로 전두환 대통령 이후의 대통령들이 거의 다 감옥에 가거나 불명예를 당하여 자살을 하는 등 불행해지는 걸 보면, 결과적으로는 대부분의 대통령들이 훌륭하지도 않은데 그 당시의 트렌드를 활용하여 국민들을 잘 선동하였기에 당선된 것으로밖에 볼 수 없으나, 필자는 개인적으로 그들 대통령들의 문제라기보다 우리나라 정치권과 국민들의 양심문제라는 생각이 들면서 마음을 무겁게 한다.

우리나라가 언제까지 전직 대통령들을 감옥에 보내거나 자살하게 하는 일이 멈추어질지 지금으로써는 예측하기도 어렵고, 많은 국민들이 정치보복이라고 우려하고 있는데도 우리나라의 정치집단들은 한사코 정치보복이 아니고 죗값을 받는 것이라고 하니 그리 믿을 수밖에는 없는 실정이긴 하다.

독일어로 남의 불행이나 불운을 즐기는 마음을 샤덴프로이데(Schadenfreude)라고 한다는데, 퇴임 후 불행하게 되는 과거의 대통령들을 보면서 일부 국민들조차 자신들이 지지하는 정치집단들이 하는 일이면 아주 잘하고 있다고 박수를 치고 야단들이니, 정말 인간의 마음속에는 샤덴프로이데라는 마음이 있나 보다고 생각하면서 우리들 자신이 참 가엾다는 생각까지 든다.

이 책을 읽는 독자들께서도 과거부터 지금까지 일어나고 있는 일들이 모두 정상적으로 가고 있는 일인지 깊이 생각을 해 보았으면 좋겠다는 생각이 든다.

작금의 사례들을 보면 대통령 중심제의 폐단으로서 우리나라 정치체계를 바꾸어야 하는 게 아닌가 하는 생각도 드는데, 우리나라에서 잘못되고 있다고 느끼는 온갖 분야에서 일어나는 일들이 정책이나 제도의 문제라기보다 그 일을 집행하는 사람들의 문제인 걸 보면서 정치체계를 바꾼다고 해결될 일은 아닌 것 같다.

우리나라에서 막강한 권력을 행사할 수 있는 정치인이 되는 데 의외로 변수가 많아 선거 당시에 국민들이 생각하는 트렌드의 시류를 잘 타면 당선될 확률이 높으므로 정치에 대한 매력을 잊지 못하는 부정직한 정치인들이 많이 양산되고 있다는 생각이 든다.

정치인은 당선 과정이야 어찌 되었든 정치인이 되었으면 누구보다도 국가와 국민을 사랑하면서 책임감과 양심을 갖고 국가에 봉사할 의무가 있으나, 시류에 편승해 당선시켜 준 고마움이 국가를 사랑하는 마음보다 더 커서 그 고마움을 임기 말까지 잊지 못하고 속박되는 것 같다.

진정 국민들을 위한 정치를 해야 하는 책임감은 제쳐 두고, 오직 그 기회를 만들어준 집단만을 위한 정치를 하려고 정책을 만들거나 바꾸려 하는 것 같은 생각이 들 때마다 나라의 장래가 크게 걱정된다.

요즘 우리 사회는 공무원들이나 일반 국민들은 부정한 짓을 하는 사례가 현저히 줄어들었다고 많은 국민들이 느끼는 것 같은데, 시중에 회자되는 이야기들을 들어보면, 일부 지방의회 의원들의 경우 지역 개발 사업에 로비자금을 받고 예산을 반영하고, 예산이 반영되면 공사업자 선정 시 영향력을 행사하여 떡고물을 챙기는 사례들이 많아 선출직 지방의회 의원을 없애고 일부 외국처럼 무보수 봉사직으로 해야 한다고 말하는 사람들도 있었다.

하지만, 지방의회 의원들의 숫자가 많고 지방에서 직접적으로 국민들과 자주 맞닥트리는 사례가 많아 지방의회 의원들을 혹평하는 사람들이 많겠지만, 그보다 더 큰 권력을 가진 국회의원과 정치인들은 오죽이나 하겠냐는 생각이 든다.

"윗물이 맑아야 아랫물이 맑다."라는 우리의 격언은 자연계의 시냇물에서도, 인문사회의 모든 현상에서도 들어맞는 말일 텐데, 나라 운영의 총괄 관리를 맡고 있는 정치인들이 맑지 않으면 숱한 나라의 법이나 제도들이 다 무슨 소용이 있을까 싶다.

정치인들이 비슷하거나 동일한 조건이면 자신을 지지해주고 지원해 준 집단의 이익에 손을 들어줌이 마땅하다 하겠으나, 우리나라의 많은 정치인들은 극단적 집단이기주의에 빠져 국가와 국민의 이익은 아예 외면한 채 집단을 위한 정치만을 하려는 듯하니, 아랫물인 일반 국민들도 윗물인 정치인들을 따라서 점점 극단적 이기주의에 함께 빠져드는 것이 아닌가 하는 생각이 든다.

사회에서 국민들이 보는 불신 중에서 정치인에 대한 불신이 가장 크다고 생각되어, 정치인들이 기업인, 언론인, 종교인 등 다른 집단의 사람들에게 잘못한다고 말한다면, 국민들이 보고 "똥 묻은 개가 겨 묻은 개 나무란다."라고 하지나 않을까 걱정이 된다.

물론 정치인도 바로 우리 국민들인데 정치인들을 모두 매도한다면, 어쩌면 국민들이 자신들 스스로에게 침을 뱉는 일일 수도 있지만, 우리 사회에서 많은 국민들이 정치인들을 보는 시각이 그러함을 정치인들은 알아야 할 것 같다.

대통령을 비롯한 고위 정치인들은 자신들이 훌륭해서 그 일을 맡고 있는 게 아니고 시류의 선택을 받아 그 자리를 있다는 겸허한 마음을 갖고, 진정 국가와 국민들을 위한 정치를 한다면 우리나라에 극단적인 정치적 양극화가 서서히 감소하면서 분열되었던 국론이 다시 통일되며 우리나라가 정치적 안정과 함께 지속 성장을 이룰 수 있다고 생각된다.

하지만, 계속 집단이기주의에 빠져 있다면 우리나라는 극단적인 정치적 양극화가 더욱 심화되어 정치 불안정으로 경제는 추락하고, 일자리는 감소하고, 국민소득은 줄어 다시 후진국으로 추락하게 되어 이 세대의 모든 국민들이 후손들에게 역사의 죄인이 될 것 같다.

어떤 일을 하던 어떤 지역에 살던 어떤 집단에 속해 있던 모든 국민들이 정신을 바짝 차리고 집단이기주의에서 탈피하도록 총력을 기울여야 할 때인 것 같다.

과거 대통령들이 처벌되는 사례들을 보면서 필자는 앞으로 선거에서 대통령이 한 명씩 선출될 때마다 정치집단에 물들어 감옥에 갈 불쌍한 한 사람이 또 탄생하는구나 하는 안타까움을 가지게 될 것 같다.

이제부터라도 과거부터 현재까지 이어오는 악순환의 고리를 끊고, 대통령직을 수행하고 퇴임하는 분들이 편안한 여생을 보낼 수 있도록 모든 국민들이 대우해 주는 참 좋은 나라가 되길 바라는 마음 간절하다.

아래의 「이기심으로 남을 해하면 천하가 이기심으로 나를 해할 것」이라는 백범 김구 선생님의 말씀을 깊이 새겨듣고, 제발 우리가 겪고 있는 악순환 고리가 더 이상 반복되지 않았으면 좋겠다.

「계급투쟁은 끝없는 계급투쟁을 낳아서 국토에 피가 마를 날

이 없고 내가 이기심으로 남을 해하면 천하가 이기심으로 나를
해할 것이니, 이것은 조금 얻고 많이 빼앗기는 법이다.」

보통 사람이 본 대한민국

국회의원

국회의원은 입법부인 국회의 구성원이며, 유권자를 대표하여 입법을 담당하고 국정을 감시하는 자이며, 국회의원도 정치인이다.

국회의원은 입법과 관련하여 헌법과 법률을 개정·제안·의결하고, 국가의 재정과 관련하여 정부의 예산안을 심의 및 확정하고, 결산을 심사하며, 일반 국정과 관련하여 감사와 조사를 실시하는 등 막강한 권한을 가지고 있다.

국회의원은 지방의회 의원과는 달리 국민 전체의 이익을 대변하고 실천하기 위하여 국정을 운영 및 감독해야 할 책임이 있음에도 불구하고 집단이기주의에 빠진 채 국회의원을 구성하는 여야 정치집단들이 타협은 사라지고 매사에 극단적으로 양분되어 있어 일반 국민들도 극단적인 정치적 양극화로 빠져들게 하는 원인이 되고 있는 것 같다.

미국은 트럼프 행정부 이전까지는 그래도 정치집단 간에 배려와 협조로 타협이 이루어지는 정치 양극화를 어느 정도 지탱할 수 있는 수준이었던 것 같은데, 트럼프 행정부 이후부터 미국도 극단적인 정치적 양극화로 미국의 미래를 크게 걱정하는 사람들이 많아지는 것 같은 느낌이다.

국회의 입법과정을 보면 양대 정치집단 간에 서로 배려와 협조로 원만히 타협하여 법을 제정하거나 개정하여야 할 텐데 타협은 사라지고 오직 일방적으로 법을 개정하려는 집단과 제지하려는 집단 간에 국회는 세계적으로도 유명해지는 싸움터가 되어가고 있는 것 같다.

양대 정치집단은 날이 갈수록 집단극화로 점점 강성으로 치달아 이제는 서로 간에 갈등이 커져 서로 증오하는 수준으로까지 발전하고 있는 것 같고, 국민들도 정치권과 함께 어우러져 극단적인 정치적 양극화로 편 가르기를 하여 국론분열이 이제는 봉합되기 어려울 정도로 심각한 수준이 된 것 같다.

헌법이나 국회법을 보면, 국회의원의 가장 중요한 의무는 국익우선의 의무, 청렴 의무, 지위남용금지 의무 등이 있는데 과연 이세 가지의 가장 중요한 의무를 제대로 하는 국회의원의 비율이 얼마나 될지 의심스럽기도 하다.

이러다 보니 일부 국민들의 입에서 국회의원의 수를 대폭 줄여야 한다든가 국회의원에게 지원되는 보좌관의 수와 급여는 물론 판공비조차도 줄여야 된다며, 국회의원들을 바라보는 시각들이 점점 냉담해지고 있는 것을 국회의원들은 알고 있는 것인지 모르는 것인지 안타까운 생각이 든다.

헌법에 국회의원의 수는 법률로 정하되, 200인 이상으로 한다고 되어 있으나, 공직선거법에 국회의 의원 정수는 지역구 국회의원 253명과 비례대표 국회의원 47명을 합하여 300명으로 한다고 되어 있다.

모든 제도는 장점과 단점이 있듯이 국회의원의 수가 많으면 여러 분야의 민의를 골고루 반영할 수 있는 등 많은 장점이 있을 것임에도 불구하고, 우리나라의 국회의원들은 그런 장점은 보이지 않고 극단적인 정치적 양극화가 일어나도록 국민들에게 집단이기주의를 부추기는 역할을 하고 있는 것으로 보여, 헌법의 국회의원 정수를 "200인 이상"이 아니라 "200인 이하"로 개정하는 것이 오히려 국가를 위하여 도움이 될 것 같다는 생각까지 든다.

헌법에는 "국회의원은 국가이익을 우선하여 양심에 따라 직무를 행한다."라고 되어 있는데도 여당과 야당을 가릴 것 없이 전체 국회의원들이 모두 자신과 자신이 속한 단체의 이익만을 위해 일하려 한다면 국가는 어떻게 될지 누구라도 알 수 있는 일일 것 같다.

입법기관인 국회에서 새로 만드는 법들이 현행법으로 다 해결될 수 있고, 다만 극히 일부는 현행법을 손보아 쓰면 될 것 같은데 우리 국회는 매일 새로운 법을 만든다고 법석을 떠는 것처럼 보이며, 법을 만들려면 진정 국가를 위한 법을 만들어야 하는데 대부분 새로 만들려는 법들이 서로 자신의 집단에 유리하도록 국민들의 자극을 이끌어 내려는 이벤트성 법률들이 대부분인 것 같아 안타까움이 크다.

필자가 잘 모르기는 하지만 국회에서 매일같이 법을 만드는 걸 보면서 우리나라가 가지고 있는 법의 숫자로 보면 세계에서 단연 1위일 거라는 생각이 든다.

그렇게 법이 많은 만큼 국민들이 모든 문제를 법으로 해결해야 하는데도 불구하고, 법보다 집단시위 등으로 해결하려 하는 것을 볼 때마다 그 많은 법이 무슨 소용이 있을까, 왜 만드는 걸까, 하는 의구심이 생긴다.

국회의원 개개인도 바로 우리 국민이므로 우리의 가족이고 친구이고 이웃이므로 국회의원들만 욕할 일만은 아니며, 결국은 국민들 개개인이 "모두가 내 탓이오"라고 생각하고 책임감을 느껴야 할 시기인 것 같다.

하지만 국가가 발전하느냐 추락하느냐에 대한 책임감의 측면에서 보면 국회의원 개개인이 갖는 책임이 국민 1인의 책임보다 몇백만 배나 크므로 국가의 흥망에 대한 책임도 그만큼 무겁다 하겠다.

정치인들과 국회의원들이 군중심리를 이용하기 위하여 국민들을 선동하고 집단극화로 점점 강성으로 변하여 갈등을 조장하고 있는 한 지금과 같이 잘 사는 우리나라는 더 이상은 볼 수 없겠단 생각이 든다.

우리나라 정치인과 국회의원들은 이런 점을 깊이 인식하고, 우리가 만약 후진국으로 추락시킨 국가를 후손들에게 물려주게 되어 역사의 죄인이 되지 않도록 헌법정신을 잊지 말고, 국가이익을 우선하여 양심에 따라 직무를 수행해야만 할 것 같다.

우리 국민들도 우리 손으로 선출한 국회의원들을 욕만 할 일은 아니고, 극단적인 정치적 양극화의 구성원들이 바로 우리 국민들임을 자각하고 어떻게 해야 극복할 수 있을지 지혜를 모아야 할 시점인 것 같다.

법조인

법을 근본으로 살아가는 법조인을 좁게는 법률에 관계된 일에 종사하는 사람들로 판사, 검사, 변호사 등을 말하고, 좀 더 넓게 보면 법률가로서 법학자까지 포함시킬 수 있다고 한다.

법(law)이란 질서를 유지하고 사회가 유지되기 위해 정의를 실현함을 목적으로 하는 국가의 강제력을 수반하는 사회적 규범 또는 관습이라 하며, 아리스토텔레스는 정의의 본질은 평등이라고 말했다 하니, 필자 생각에는 법의 가장 중요한 역할은 사회 구성원 모두가 평등한 대접을 받게 하는 규범이 아닐까 생각된다.

법의 최소한의 역할은 일반 개인이나 공권력 기관의 실력 행사를 효과적으로 규제하는 것이며, 특히 국가 기관으로부터 개인의 자유와 안전을 보장하는 것이 법의 가장 기본적인 목적이라고도 한다.

법의 임무는 법에 의한 사회 질서 확립에 있으므로 법질서 자체의 안정이 무엇보다 필요하며, 일반에게 확실하게 전달되어져 사람들이 법의 권위를 신뢰하고 행동할 수 있는 상태가 되어야 하고, 법이 조령모개하면 법적 안정성을 해친다고 한다.

법이 누구에게나 공평하게 적용되도록 만들어지고, 누구에게나 공평하게 집행되는 구조의 체제는 민주주의 국가이며, 일부 특권층에게 유리하도록 법이 만들어져 있거나, 일부 특권층에게 유리하도록 법이 집행되는 구조의 체제는 독재국가라 할 수 있을 것 같은데 혹여 우리나라가 독재국가에 준하는 방향으로 가지는 않는가 우려도 해 본다.

민주주의의 근간은 법이 국민 누구에게나 공평하게 적용되도록 만들어지고, 누구에게나 공평하게 집행되는 구조의 체제를 가진 즉, 법치주의의 실현이 가장 중요한 일일 것 같다.

법은 한 국가를 유지시키는 골격과 같으므로 사람에 비유한다면 법은 사람의 뇌, 장기, 근육을 지탱해주는 뼈대로서, 각 기관별 중요도로 미루어 보면 헌법재판소는 가장 중요한 목뼈이며, 대법원은 척추 뼈이고, 고등법원과 지방법원은 팔다리 뼈에 비유할 수 있을 것 같다는 생각이 든다.

팔과 다리는 물론이려니와 손가락이나 발가락 하나가 아프거나 병신이어도 얼마나 불편하겠는가? 우리 사회에 유전무죄 무전유죄라는 말이 괜히 생겨난 말은 아닐 것이며, 그 뜻은 이 사회가 돈이 많아 대형 로펌이나 전관예우 기간에 있는 법조인의 도움을 받는 경우와 돈이 없어 그런 변호사들의 변론을 받지 못하거나 변호사를 선임하지 못하는 경우 같은 죄를 지었어도 재판결과에 차이가 생김을 경험하거나 느꼈기 때문일 것으로 추정된다.

그런 현상은 자본주의 사회의 특성이며 단점이므로 어느 나라에서도 있을 수 있다고 보이지만, 문제는 유전무죄 무전유죄로 느끼는 국민들의 신뢰의 차이가 얼마나 크냐에 달려 있을 것 같고, 법의 공정한 집행으로 국민들의 신뢰가 살아있어야 법도 살아있는 게 아닐까 하는 생각이 든다.

그나마 다행인 것은 그 죄목에 따라 어떤 죄는 아무리 좋은 변호사를 사도 소용이 없고 어떤 죄는 돈을 많이 들여 큰 변호사를 사야 한다고 일부 국민들이 말하고 있는 것을 들었을 때, 아직까지는 지방 법원이나 고등법원의 판결이 국민들의 신뢰를 잃었다고까지 할 수는 없을 것 같다는 생각이 든다.

모든 국민이 평등하게 대접을 받는 정의로운 사회를 만들기 위해서는 법을 만드는 입법부의 역할도 중요하지만, 법의 목적을 실현하기 위해 만들어진 법을 공정하게 집행하는 사법부의 역할도 중요하다 하겠다.

한 사건에 관련된 법을 만드는 양은 불과 1, 2페이지에 불과하지만, 그 법을 공정하게 집행하기 위해서 1건의 사건을 처리하는 데 심지어 1, 2 트럭분의 증거자료 분석이 필요할 수도 있으니까 말이다.

프랑스의 법학자 몽테스키외는 입법권, 사법권, 행정권의 삼권이 한쪽으로 집중되면 시민의 정치적 자유를 저해하게 되므로 이 세 가지 권력을 분리시키는 삼권분립을 통하여, 이들이 서로를 감시하고 견제할 수 있을 때, 국가 권력의 남용을 막고 정치적 자유가 실현될 수 있다고 하였다. 우리나라는 헌법상 입법권은 국회에 사법권은 법원에 행정권은 정부에 있는 삼권분립의 국가이다.

세계적으로 필요성이 인정되어 모든 민주주의 국가에서 채택하고 있고, 우리나라도 헌법으로 보장해 주고 있는 삼권분립제도를 최고위 법조인들이 스스로 삼권분립을 허물어뜨리면서 자기 밥그릇을 깨고 있는 것 같아, 보통 사람인 필자가 보기에도 정신상태가 정상인 사람들인지 의심이 가는데 과연 법학자들은 어떻게 생각하고 있는지 궁금하다.

자신의 잘못에 대한 피해를 자신이 감수하는 것은 문제가 아니겠으나, 그 결과가 국가의 전체 밥그릇까지 깨는 꼴이 된다면 그로 인한 역사적 심판을 어떻게 감당하려는 것인지 도대체 알 수가 없다.

헌법재판소의 책무는 "법률의 위헌여부 심판, 탄핵의 심판, 정당의 해산 심판, 헌법소원에 관한 심판 등"으로 그 책무가 막중하다.

만일 행정권을 견제하여 국가 권력의 남용을 막아야 하는 헌법재판소와 같은 사법부가 정부의 시녀가 되거나, 사법부를 구성하는 법조인들이 현재 우리나라를 파국으로 몰아가고 있는 극단적인 정치적 양극화에 휩쓸려 국민들과 함께 편 가르기에 동참하고 있거나, 대규모 여론몰이에 나서는 정치집단들에 의해 일어나는 대규모 집회, 매스컴, 소셜미디어 등을 총동원하여 형성하는 군중심리에 의해 주창하는 일부 집단들의 논리가 마치 법 위에 있는 것처럼 판결이 된다면, 우리나라에 법이 왜 필요한지 모르겠다. 모든 집단들은 점점 더 대규모 여론몰이에 나서서 법을 마음대로 무너트리려 할 텐데, 그로 인해 망가지는 법치국가는 누가 구할 것인지 막막하다는 생각이 든다.

그리되면 사람에게 가장 중요한 목뼈가 고장이 나 시름시름 앓다가 죽을 수 있듯이, 우리나라는 가만히 내버려 두어도 스스로 무너져 후진국으로 전락하는 나라가 될 것임이 틀림없어 보인다.

사람이 골격이 제대로 서야 사람구실을 할 수 있듯이 대한민국 헌법에 "법관은 헌법과 법률에 의하여 그 양심에 따라 독립하여 심판한다."라고 되어 있으므로 법관들이 양심에 따라 여론몰이에 의한 일부 집단들의 논리가 아닌 제대로 된 법의 정의를 지켜준다면, 정치집단을 비롯한 모든 집단들이 자연스럽게 여론몰이를 중단할 수밖에 없을 것이므로 분열된 국론이 서서히 통합되면서 파국으로 치닫는 국가를 구할 수 있을 것 같다는 생각이 든다.

국가의 최후 보루인 법조인들이 대한민국 국민 누구나가 평등하게 대접받는 사회를 만들기 위해 양심을 가지고 법을 지킬 때, 비로소 법조인이 존재할 이유가 있음을 느껴야 할 것 같다는 생각이 든다.

정상적인 국가에서 일어날 수가 없는 사법부가 행정부의 눈치를 보아 삼권분립의 제도를 스스로 무너트린다면, 우리나라는 대법원장을 법무부장관 소속의 재판청장으로 하고, 헌법재판소장을 법무부 산하의 헌법심의위원회 등으로 변경할 수도 있는 기이한 국가가 될지도 모른다는 생각이 든다.

검사들은 검찰권 행사를 공정하게 행사하도록 하기 위하여 법관과 같은 자격을 요구하고, 법으로 그 신분을 보장하고 있으며, 구체적인 사건에 대하여는 그 처리에 있어 정치적 영향을 배제하기 위하여 법무장관조차도 검찰총장만을 지휘·감독할 수 있도록 하고 있다.

검사의 역할이 범죄사실을 수사하고, 수사 결과 공소제기 여부를 독점적으로 결정하는 권한을 가짐으로 인해, 그간 국민들로부터 따가운 시선을 받아 온 것이 사실이며, 일부 검사들은 권력의 시녀가 되어 있다는 국민들의 우려까지도 있었던 것 같다.

우리나라는 연일 정부나 정치권에서 검찰 개혁을 하겠다고 야단인데 필자의 소견으로는 검찰문제뿐만 아니라 우리나라가 모든 분야에서 일어나고 있는 잘못된 일들은 법과 제도의 문제가 아니라 법과 제도를 실행하는 사람의 문제라고 보여, 개혁하겠다는 정치권을 비롯하여 개혁대상인 사람들까지 모두 정신이 건전한 외국인들을 모셔오든가, 아니면 모든 국민들의 의식개혁을 하든가 하지 않는다면 모든 개혁이라 이름은 허울뿐일 거라는 생각이 든다.

법정에서 선고를 받고 할 말이 없다고 조용히 퇴정하는 정치인이나 기업인들이 정말로 죄의식을 가져서 그러는 것인지, 아니면 피고인들이 억울함을 토로할 대상도 없고 토로해야 아무런 의미도 없으니 말없이 퇴정하는 것인지를 가슴에 손을 얹지 않고 생각하더라도 법관 본인들은 잘 알고 있을 것이란 생각이 든다.

국가 정의수호의 마지막 보루인 법관들마저 정치적으로 양극화된 집단에 줄을 서면서 양심을 팔아 국민들의 자유와 안전을 지켜야 할 법을 제멋대로 집행하여 국민들의 눈에서 피눈물이 나오도록 만든다면, 법과 법조인이 오히려 이 사회에 없는 것보다도 못한 결과가 될 것 같다는 생각이 든다.

코로나에 감염되어 생사를 헤매는 국민 한 사람이라도 더 살려보겠다고 열악한 환경 속에서도 치료에 전념하고 있는 의료인들과 화재가 난 불구덩이 속을 한 사람이라도 구하겠다고 뛰어드는 소방관들처럼 모든 법조인들이 우리 사회를 밝히는 등불이 되어주기를 간절히 바라본다.

언론인

    언론이란 방송(TV/라디오), 신문, 잡지, 인터넷 등의 매체를 통해 어떤 사실을 알리거나 특정 문제에 대한 여론을 형성하는 활동이라 한다.

    언론이 정직하고 공평하게 본래의 기능을 유지한다면, 국민들을 대변하여 정의를 수호할 수 있고, 국가의 발전에 지대한 공로자가 될 수 있으므로 언론의 중요함을 국민들이 안다고 생각해서 독재국가조차도 실질적이든 형식상이든 언론의 자유를 법으로 보장하고 있는 것 같다.

    민주주의 사회에서 언론은 대중에게 정보를 전달하여 여론을 형성하도록 함으로써 국민들의 참정권의 행사 내용에 막대한 영향을 미치므로 언론인들의 양심은 곧 그 나라의 미래라고 볼 수도 있겠다.

    이와 같이 언론은 국민들의 민심을 좌우할 수 있는 큰 힘을 가지고 있기 때문에 입법, 사법, 행정부의 뒤를 이어 제4의 권력으로 비유될 정도로 막강한 힘을 가지고 있다고 한다.

언론의 역할이 이처럼 중요하므로 언론은 국가와 사회를 위하여 진실한 보도만을 해야 할 의무가 있을 뿐만 아니라, 아무리 새로운 사건이 있더라도 양심을 갖고 판단할 때 그 내용이 국가와 사회를 위해 해가 된다면 보도를 하지 않는 용기도 필요하다고 본다.

2011년 발생한 동일본 대지진으로 2만 명 이상이 목숨을 잃었을 때 일본의 TV 방송들에 나오는 울고불고하는 피해자 가족들의 장면의 수보다 우리나라 세월호 사고가 났을 때 그런 장면의 수가 월등히 많았던 것을 생각해 보면 방송이 사회에 미치는 영향을 알 수 있을 것 같다.

어떤 때는 친부가 자녀를 성폭행했다는 보도 등의 정신병자가 아니면 행할 수 없는 사례들조차 방송하는 걸 볼 때마다 과연 저런 내용을 방송하여 사회적으로 얻을 이익이 무엇인가 하는 의구심이 들 때도 있었다.

세월호 사고 후 TV나 라디오를 켜기만 하면 세월호 사고 위주로 방송하는데 그게 국가에 도움은커녕 사회적 갈등을 심화시켜 나라에 해를 끼칠 수 있다는 생각이 들 정도였다. 세월호의 사주나 그 가족이 지구 밖의 외계나 외국에서 온 사람이 아닌 우리 국민이므로 바로 가까운 나의 이웃일 수도 있는데, 온 국민들이 죄가 아닌 사람을 미워하며 돌을 던지는 것 같았고, 겉으로는 희생된 어린 학생들이 매우 안타까워하는 듯하면서, 실제로는 희생된 어린 학생들을 최대한 이용하여 집단들의 이익을 챙기려는 듯하는 사람들의 이중성을 보는 것 같아, 필자는 너무 실망하여 코로나가 돌기 전까지는 아예 신문이나 TV와 라디오의 뉴스를 보지도 듣지도 않아 왔었다.

언론은 순기능만 있는 것은 아니며, 언론이 특정 집단의 이해관계자가 되어 편파보도를 하게 되면, 국가는 상상할 수 없이 큰 피해를 볼 수밖에 없을 것 같다.

과거 히틀러와 같은 독재자와 비양심적 정치인들이 언론을 장악하여 편향된 보도로 국민들을 세뇌시켜 자신들의 편에 서게 해왔듯이 독재국가와 같이 정치 지도자들이 자신들의 할 일을 다 하지 않고, 오히려 언론을 장악하여 언론플레이에만 집중한다면 그 나라의 장래는 밝다고 할 수 없을 것이다.

우리나라가 과거 일제와 군부시대를 거쳐 현재의 자유민주주의 국가가 되기까지 힘이 되어준 언론의 역할과 공로를 모르는 국민은 거의 없을 것이다.

작금에 와서는 우리가 어렵게 얻은 언론의 완전한 자유가 이제는 방종으로 흘러 각 언론사들조차 진보 언론이니 보수 언론이니 하며 나뉘어져 서로 지지하는 정치권의 대변인 역할을 하고 있는 게 아닌가 하고 많은 국민들이 우려하고 있는 것 같다.

국내 언론보다 외신의 보도가 더 공정하고 중립적이고 객관적이어서 신뢰성이 있다고 말하는 사람들까지도 있는 것 같다.

언론들이 정치집단들의 편 가르기에 합세하여 편향적 보도를 일삼아 언론인 자신들의 가치를 하락시키고 언론의 본질을 잃게 된다면 국민들은 이 사회에 차라리 언론이 없는 게 더 낫다고 극단적으로 생각할 수도 있을 것 같다.

언론의 뉴스를 보고 있노라면 온통 국가, 세대, 집단, 개인 간 이간질을 시키듯 하는 내용이 너무나 많고, 마녀사냥식으로 확인되지 않은 사실을 사실인 것처럼 보도하여 특정 조직이나 특정인들이 너무 큰 고통을 받을 수 있는 일들도 자주 일어나는 것 같다.

우리 사회를 발전시키는 데 언론의 역할이 얼마나 큰 지는 말로 다 표현하기 어려울 정도인데, 지금의 언론은 그런 긍정적 역할보다 부정적 역할도 많이 하는 것 같아 국가의 미래를 더 걱정하게 된다.

근래 한 유명 가수가 국민들이 바라보는 콘서트 개최 후 언론에 특별히 변화를 부탁한 적이 있는데, 이는 국민들이 언론을 보는 시각이 그러함을 대신 말해 준 것 같아 그 용기에 감탄했던 적이 있다.

앞으로도 그런 가수와 같이 나라를 걱정하는 분들이 많이 나와 우리 사회가 건전한 방향으로 가도록 길잡이가 되어 주었으면 좋겠다는 생각이 든다.

"언론이 진실을 보도하면 국민들은 빛 속에서 살 것이고, 권력의 시녀로 전락하면 어둠 속에서 살 것이다." 하신 고 김수환 추기경님의 말씀이 한층 실감이 난다.

지금까지 우리나라의 발전에 지대한 공로를 세우신 선배 언론인들을 귀감 삼아, 이제라도 언론사와 언론인들이 언론의 생명인 공정성, 진실성, 객관성을 토대로 보도하고 평론하는 양심적 언론으로 돌아온다면 대중언론의 뉴스를 아예 보지 않는 필자와 같은 사람들도 다시 대중언론의 뉴스 시청자가 될 것 같다.

종교인

　종교란 초자연적인 절대자의 힘에 의존하여 인간 생활의 고뇌를 해결하고 삶의 궁극적 의미를 추구하는 문화현상으로 초자연적인 존재를 믿는 신앙이라고 생각된다.

　세계에서 1억 명 이상의 신도 수를 가진 종교는 기독교, 이슬람교, 힌두교, 중국 전통종교, 불교 등 5개 종교 외에도 1천만 명 이상의 신도를 가진 종교가 유대교를 포함해 4개나 있다고 한다.

　종교는 사람이 자신의 경험이나 능력으로는 설명할 수 없는 고뇌나 죽음과 같이 인간이 풀기 어려운 근본적인 문제들을 절대자의 초월적인 힘에 의지함으로써 분산된 정신을 통일하여 마음의 안정을 얻고 행복감을 느껴 삶의 질을 높일 수 있도록 하는 좋은 문화인 것 같다.

　또한, 종교 활동을 통하여 같은 신도들끼리 집단을 이루어 자신들이 믿는 절대자와 종교 지도자들의 좋은 말씀이 들어 있는 종교별 수양서 등을 토론하고 배우면서 마음을 더욱 수양하여 행복감을 얻는다고 할 수 있겠다.

각 종교별로 믿고 있는 절대자나 신을 직접 볼 수가 없으므로 처음부터 일반인이 곧바로 신앙을 갖기는 어려워 일반인 또는 신도들에게 신앙을 심어주기 위하여 설교, 강연회, 부흥회, 자습회, 토론회 등을 통해 교리를 반복적으로 자주 노출시켜 부지불식간에 세뇌되도록 하는 세뇌교육이 사용되는 경우도 있어 보인다.

1억 명 이상의 신도 수를 가진 5개 종교의 신도들 중에 머리가 좋고, 지식이 풍부하고, 경험이 많은 지식인들이 1%라고 가정한다면 각 종교별로 100만 명이 넘는 엄청난 수의 지식인들이 오직 자신들이 믿는 종교의 신만이 유일하다고 믿고 있을 터이다. 무교도들의 입장에서는 이 세상에서 과연 어떤 신만이 정말 유일한 신일까 하는 의구심이 들 수밖에 없을 것이므로, 각 종교별 지도자들은 이제 현대 과학의 시대에 어울리는 새로운 종교적 패러다임을 만들어야 할 시기가 아닌가 하는 생각이 든다.

2016년 통계청의 발표에 의하면 우리나라 인구의 약 44% 정도가 개신교, 불교, 천주교 등의 종교인이라 하므로 사이버 종교로 분류되는 종교까지 합하면 인구의 거의 반수가 종교인이라 할 수 있으므로 종교 지도자들이 우리 사회에 미치는 영향은 매우 크다고 할 수 있겠다.

일반적인 종교의 형태를 가지고 있지만 전통적인 기존의 종교적 내용을 교주가 교리를 과장하여 변형시킨 형태라는 사이비 종교는 일반 종교와 구분이 모호한 점도 있지만, 소위 사이비 종교라는 집단에 의한 국민들의 폐해가 너무 커 사회적 문제를 일으키고 있는 것 같다.

우리나라 인구의 거의 반수를 신도로 가지고 있는 종교 지도자들은 우리 사회의 빛과 소금 같은 역할을 해 주어야 할 텐데, 작금에 보도되고 있는 종교 지도자들의 권력욕, 재물욕 등을 보면서 실망감이 들며, 우리 사회의 일반적인 집단에서 일어나고 있는 문제들이 종교에서도 그대로 나타나고 있는 것 같다.

종교인들은 자신이 믿는 종교가 아닌 다른 종교를 믿는 사람들을 배척하지 말고 포용할 줄 알아야 할 것이며, 타인에게 심한 불쾌감을 주면서 자신들의 종교를 믿도록 지나치게 강요하는 것도 삼가야 하고, 종교지도자들이 정치에 개입하는 사례가 빈번한데, 종교지도자들은 종교인으로서의 본분을 잊지 말아야 할 것 같다.

종교인들이 열린 마음으로 다른 종교인이나 종교가 없는 사람들과도 더 잘 어울린다면, 세계 각지에서 일부 종교 간, 종파 간 갈등으로 인해 매년 수많은 사상자를 내는 종교분쟁을 막을 수도 있으면서 사람들의 삶의 질을 개선하는 데 기여할 수 있지 않을까 하는 생각이 든다.

종교 지도자들이 정치집단들과 같이 국민들 편 가르기와 국론 분열을 부추겨 사회를 혼란시키게 된다면, 16~17세기에 있었던 종교지도자들이 정치 및 부와 결탁한 타락으로 인해 일어났던 종교개혁의 필요성이 대두될 수도 있겠다는 생각으로 자신들의 직분에 충실하였으면 좋겠다.

종교인들은 누구나 자신이 믿는 종교에 대해 존중받고 싶은 마음이 있음을 안다면 다른 종교인이나 종교를 믿지 않고 있는 무교도들도 동일한 마음을 갖고 있음을 알아 존중해 주어야 할 것 같다.

자신이 신봉하는 종교의 교리에 맞지 않다고 하여 타종교를 배척하는 이분법적 사고가 생긴다면, 사회 구성원들 간에 갈등을 조장하게 될 것이다.

각 종교마다 종교인들이 실천해야만 하는 율법과 같은 규범이 있을 텐데 어떤 경우에는 국가의 법과 충돌될 경우가 있을 수밖에 없을 것이며, 금번 코로나 사태를 보아도 종교별 율법으로 치면 각 종교인들은 정기적으로 일정한 예배 장소에서 예배를 보아야 하겠지만, 국가의 법과 정책은 전염병의 확산에 의한 모든 국민들의 생명을 지키기 위해 때에 따라서는 종교 모임을 금지하게 할 수도 있을 것 같다.

이와 같이 종교의 율법과 국가의 법이 상충될 경우, 모든 종교인은 국가의 법을 우선하여 따라야 함은, 마치 이 사회에서 모든 인간들은 함께 어울려 살아야 하므로 인간 개개인의 감정과 욕구를 조절하며 살 수밖에 없음과 같다고 할 수 있겠다.

기업인

우리나라는 국토가 좁고, 가지고 있는 자원도 풍부하지 않지만, 반면에 기후도 좋고, 국토가 산과 평야로 잘 어우러져 사계절물이 풍부하며, 인구밀도가 높아 인구수가 많은 편이고, 교육수준이 높아 고급인력이 많으므로 인적자원이 풍부하며, 60년대와 70년대 산업육성정책으로 항만, 도로가 잘 갖추어져 물류이동이 원활하게 되었고, 중화학, 철강, 기계, 전자 등의 단위 공업이 균형감 있게 발전되어 있어, 제품을 만들어 다른 나라에 수출하는 수출주도형 나라로 발전시켜 세계적인 경제대국의 반열에 들게된 것 같다.

그 배경에는 기업인과 노동자들이 서로 상생하면서 기술을 개발하고 적절한 임금 배분을 하면서 생산성을 높임으로써 우리나라에서 생산하는 제품들의 수출경쟁력을 좋아지게 했기 때문인것 같다.

우리나라도 사람들이 사는 세상이니까 일부 부도덕한 기업인들도 있었을 테지만 우리나라를 세계적인 경제대국으로 올려놓기까지 많은 기업인들의 노력을 축소하여 평가할 수는 없을 것 같다.

오래되어 정확한 기억인지 모르겠으나 80년대 초만 하더라도 일본 Sony사의 매출액이 우리나라의 1년 예산과 맞먹는다고 할 정도로 우리나라의 경제는 일본과 비교가 안 되게 형편없었다. 그러나 지금은 우리나라 동종의 한 기업만 해도 일본의 Sony사보다 훨씬 매출이 크게 성장하였는데, 그 과정에서 생긴 수익은 회사의 주주인 기업인들에게도 갔겠지만 대부분은 우리 사회가 발전하는 데 골고루 쓰였을 것이다.

이와 같이 많은 기업인들의 노력이 있었기에 현재의 우리 경제력이 생긴 것임을 부정한다고 부정될 일도 아니지만 부정하려고 해서는 안 될 것이다.

앞으로도 기업인들의 역할에 따라 우리나라가 더 발전할 수 있을지 아니면 한없이 추락할 것인지가 가늠될 것 같은데, 불행하게도 현재의 기업인들을 보는 사회적인 시각이나 여러 기업인들의 사기를 꺾을 수 있는 법률과 제도들이 너무 많다고 걱정하는 국민들이 많은 것 같다.

세계적으로 초일류 기업이며, 그 기업의 수출액이 우리나라 전체 수출액의 거의 1/3에 근접한다는 기업의 총수는 기업을 일으키는 일에 시간을 써도 부족할 텐데 매번 검찰과 법원에 불려 다니고, 감옥에서 시간을 보내야 한다면 초일류 기업의 지위를 계속 유지하여 국가에 부를 가져오는데 기여할 수 있을지 궁금하며, 정상적인 국가에서 어떻게 이런 일이 벌어지는지 상상하기도 어려운 일이 일어나고 있다.

필자는 기업을 해 본 바도 없고 직장생활만 하여 기업인을 편들 이유도 없고, 법 앞에는 모두가 평등한데 기업인은 죄를 지어도 된다는 논리를 펴는 것 또한 아니다.

단지, 그동안 기업인들이 우리나라가 현재의 부를 누릴 수 있도록 기여한 공로가 말로 표현할 수 없이 큰 데도 우리 사회가 기업인들에 대해 너무 편견을 갖고 매도하고 있는 것 같다는 생각을 말하려는 것이다.

우리나라의 많은 기업인들이 기술도 개발하고, 열심히 사업을 경영하여 수출경쟁력을 높이고, 많은 수출을 하여 돈을 벌어 와야 국가의 경제규모가 커지면서 우리 국민들의 일자리도 늘어날 텐데, 기업인들이 지금과 같이 계속 위축된다면 어떠한 결과가 초래될지 진정 나라를 위하는 마음이 있는 사람이라면 걱정하지 않을 수 없을 것 같다.

자신들이 투자하여 설립한 회사에서 온 힘을 다 쏟아 제품을 만들어 수출한 돈으로 종업원들에게는 임금으로 돌려주고, 나라에는 세금으로 돌려주는 기업인들을 정치권이나 노동조합이나 국민들이 대접해주지 않고 미운 오리 새끼처럼 취급한다면 기업인들이 우리 사회의 가장 약자일 것 같다는 생각이 든다.

아이러니컬하게 들릴지 모르겠지만, 우리 사회의 정의는 약자를 보호하는 데 힘을 쓰는 일이니, 이제 기업인이 우리 사회의 가장 약자처럼 보여 기업인 조합법이라도 만들어 노동자들을 보호하듯 기업인들도 보호하는 일이 우리나라가 계속 발전시키고 정부에서 염원하는 청년들의 일자리도 늘릴 수 있도록 하는 데 가장 시급한 일이 아닌가도 생각해 본다.

우리 국민들이 국가의 이익을 위해 자신의 이익을 조금씩 양보하면서 이 사회의 개별 구성원들이 모두 나와 내 친지일 수 있다는 생각을 갖고, 기업인과 기업인의 자녀들도 사람이므로 잘못을 할 수 있다는 점을 감안하여 감정적이 아닌 이성적으로 그들은 보아야 한다는 생각이 든다.

기업인들이 열심히 기업을 하도록 정치권에서 도와주기는커녕 오히려 기업인들을 가진 자로 몰아서 국민자극의 도구로 삼아 정치에 이용함으로써 기업인들의 사기를 추락시키는 일들을 지금이라도 멈추었으면 좋겠다.

법인 기업도 개인과 같이 개별 인격체이므로 아래의 백범 김구 선생님의 말씀을 새겨듣고 개인을 기업으로 바꾸어 생각하면 기업을 너무 잘게 간섭하는 것은 좋은 정치가 아님을 알아야 될 것으로 견주어 생각해 볼 수도 있을 것 같다.

「모든 생물에는 다 환경에 순응하여 저를 보존하는 본능이 있으므로 가장 좋은 길은 가만히 두는 길이다. 작은 꾀로 자주 건드리면 이익보다도 해가 많다. 개인 생활에 너무 잘게 간섭하는 것은 결코 좋은 정치가 아니다.」

중소기업의 노동자

　필자는 직장생활을 하면서 15년여간은 중소기업에서 근무하고 7년여간은 대기업에서 근무를 하였으니 근본은 기업인보다 노동자 편에 더 친숙한 사람이라 할 수 있을 것 같다.

　요즘의 정치인들은 경영진과 보수를 적게 받는 노동자 간의 임금격차를 줄이는 것이 마치 사회정의를 실현하는 분배의 공평화로 보는 것 같은 느낌이 든다.

　회사 구성원의 보수는 생산성에 따른 회사의 기여도에 따라 배분되어져야 하고, 각자의 역할이 다른 경영진과 노동자의 임금은 당연히 달라져야 하므로 경영진과 노동자의 격차를 비교하는 게 분배를 이루는 중요한 척도로 보는 것은 옳지 않다는 생각이 든다.

　미국이나 선진국도 경영자의 보수는 노동자의 보수와는 비교할 수 없이 매우 높은 것으로 알고 있다.

　회사가 존재하려면 회사가 제품을 생산하는 제조원가보다 회사 임직원 총보수의 합이 높을 수는 없을 것이며, 따라서 무한정 임금을 많이 줄 수는 없을 것이므로 회사의 기여도에 따라 경영자와 근로자의 보수의 배분이 공정하게 이루어져야 할 것 같다.

그렇다면 회사의 기여도에 따른 경영진과 노동자의 보수의 배분기준이 중요하므로 정부에서 할 일은 회사에서 총임금 중에서 역할이 다른 경영진과 노동자 간의 임금을 회사의 기여도에 따라 공평하게 배분할 수 있는 배분기준을 세워 주는 게 분배의 공평화가 아닐까 하는 생각을 해 본다.

요즘 많은 국민들은 대기업 노동조합의 강성화로 인한 국가의 산업경쟁력은 약화되고, 외국인 투자자들은 우리나라에 투자를 하지 않을 것이며, 기업들은 해외로 빠져나가 결국은 국가 경제가 추락하게 될 거라고 크게 우려하고 있는 것 같다.

사회에서는 대기업의 강성노조들은 임금을 생산성 상승분보다 많이 받아 기업의 경쟁력은 약화되어도 자신들의 배만 불리는 귀족노조라고 부르기까지 하는 것 같은데 필자는 솔직히 정확히 잘 모르기도 하려니와 듣기도 거북하여 그리 말하고 싶지는 않다.

하지만 필자가 생각하기에 대기업 노동자의 임금이 상승할수록 그 상승분을 신기술 적용 등으로 생산성을 향상시켜 보전하지 못한다면, 결국은 하청업체로부터 납품받는 부품단가를 내리려 할 것이고, 부품단가를 내리면 하청업체 직원들의 임금은 상대적으로 낮아질 것이 뻔해 보인다.

현재도 산업현장에서 동일한 기술의 일을 하고 있음에도 중소기업 노동자들의 임금이 대기업 노동자들의 임금보다 형편없이 적어, 중소기업에 근무했던 필자로서는 늘 중소가업 노동자들이 불쌍하다는 생각을 해왔는데, 대기업과 중소기업 노동자들 간의 임금격차는 점점 더 커질 것만 같아 걱정이다.

경영진과 노동자는 역할이 달라 그 임금을 비교하거나, 회사별 생산성과 수익성이 다른데도 회사별로 경영진들 간의 임금을 비교하는 것은 별로 의미가 없어 보인다.

문제는 동일한 차나 선박을 만드는 동일한 목적의 동일한 기술의 일을 하는 노동자임에도 불구하고, 분배의 불균형으로 대기업 노동자는 임금을 많이 받고, 하청업체인 중소기업의 노동자들은 매우 적은 임금을 받을 수밖에 없다는 사회구조가 계속 정착된다면 오히려 분배의 정의에 더 문제일 것 같은데, 정부는 대기업 노동자들의 요구에만 더 집중하고 있다는 생각이 든다.

강성 노조운동의 결과로 동일한 기술의 일을 하는 대기업과 중소기업 노동자들 간의 임금 격차가 점점 커지고 있다면, 분배의 정의를 실현하는 방법이 아닌 것 같은데, 왜 정부는 대기업 노동자들과 중소기업 노동자들의 임금격차 해소에는 눈을 돌리지 않는지 의문이 든다.

필자가 중소기업에서 회사 생활을 할 때 그 중소기업의 노동자들은 회사의 경리직원들을 통하여 회사의 연간 매출과 이익 그리고 임금의 분배율 등을 대부분을 알고 있고, 회사가 살아야 자신들의 직장도 유지될 수 있다고 보기 때문에 비슷하거나 동일한 기술의 일을 하는 대기업의 노동자들보다 비록 형편없이 적은 임금을 받고 있지만, 임금을 더 많이 받기 위한 투쟁보다는 회사가 더 발전할 수 있을 것인지와 직원들의 소소한 복지향상에 더 관심이 많았던 것 같다.

언젠가 서울의 한 구립 도서관에서 책을 보고 있는데 밖에서 굉장히 시끄러운 노래 소리가 들리어 참고 있다가 집에 가려 도서관을 나와 보니, 그 소리가 굉장히 큰 스피커를 장착한 노조차량에서 나오는 투쟁노래 소리였으며, 한 노인이 노조차량 운전자에게 도서관은 학생들과 여러 사람이 공부를 하는 곳이니 시끄러운 소리를 멈추거나 이동해 달라고 요청하고 있었으나 차량운전자는 코대답도 안하고 있었고, 한번은 수도권의 도시에 살고 있는 딸집에 갔다가 이른 아침에 굉장히 시끄러운 소리가 나서 이게 인근 교회에서 아침이라고 노래를 틀어주나 보다고 생각하고 밖에 나가보니, 한 건설현장 앞에서 스피커를 장착한 노조차량에서 나오는 투쟁노래 소리였다.

그런 것들을 보면서 다른 사람들의 이익을 심하게 해치면서도 자신들의 이익만을 위해 저렇게 심하게 노조운동을 하여도 노조운동을 하는 사람들은 누구도 못 건드리고, 노조운동을 잘하면 정치인도 될 수 있고 역시 우리나라는 노조의 천국이구나, 이 사회가 과연 어디로 가고 있는 걸까 하고 걱정이 컸었는데, 그게 필자만 걱정일까도 생각해 본다.

힘없는 노동자들이 기업인들에게 착취당하여 일한 만큼의 정당한 임금을 보장받지도 못하고, 노동조건도 열악하여 인권을 보호받지도 못하므로 약자를 보호하는 차원에서 법의 보호를 받는 노동조합이 출범되었을 거란 생각이 든다.

하지만 현재의 우리나라 노동조합은 날이 갈수록 힘이 강하여져 기업인들의 영역인 기업의 경영권까지도 간섭할 기세이며, 우리나라 정치권의 최고 지도자들조차도 그들의 눈치를 보면서 편이 되어주어야 하고, 위의 사례에서 보았듯이 사회에서 누구도 그들의 부당한 행위를 보고도 제지할 수 없는 상황이 전개되어 가고 있다는 느낌을 받는다.

외국과 같이 노·사간의 건전한 협의로 서로가 상생하는 노·사 문화가 정착되지 않고, 국가와 사회의 이익보다 사익과 집단의 이익만 중요하게 여기는 집단이기주의가 팽배하여 이런 상황이 계속되어 국가경제가 다시 후진국으로 돌아간다면 그 피해는 고스란히 우리 후손들이 질 것임을 알아야 할 것 같다.

정부는 물론 우리 국민들도 말로는 중소기업이 살아야 우리나라가 건전하게 발전할 수 있다고 하면서도 정작 중소기업과 대기업 간의 임금격차 해소와 중소기업 노동자들의 복지향상을 위한 노력은 게을리하고, 오히려 임금이 훨씬 높은 대기업 노조들을 위해 노동조합에 관련된 법들을 취급하고 있지는 않은지 돌아보아 주길 바라는 마음이 간절하다.

한국인

앞에서 우리 사회에서 큰 영향을 미치는 중요한 일을 하는 지도층 인사로서 정치인(국회의원), 법조인, 언론인, 종교인 등을 살펴보면서 사회 지도층 인사들이 갖고 있는 문제점들을 살펴보았다.

앞에서 구체적으로 언급하지는 않았지만 그 외에도 공무원, 교육인 등 다른 많은 분야의 지도층들도 크게 다르지는 않은 것 같으며, 그들이 모두 한국인인 이상 일반 국민들도 그 자리에 있으면 똑같이 그리 할 것이라 생각할 수밖에 없기 때문에 우리 사회의 모든 잘못은 모두 국민들 각자의 몫으로 돌려야 할 것 같다.

필자가 자주 가던 양평의 한 개울가 시골에는 행락객들이 자신들이 놀면서 먹고 간 쓰레기를 투기하고 가는 사례가 해가 거듭할수록 크게 늘고 있어 동네 사람들이 곳곳에 쓰레기 투기 금지 현수막을 여러 군데 걸었지만 효과가 없었다.

청소비를 내지도 않고 놀았으면 당연히 자신들이 사용하고 남겨진 쓰레기는 자신들이 가지고 가야 함에도 투기를 하여 동네 사람들이 치울 수밖에 없도록 하니, 동네 사람들이 참다못하여 개울가에 차를 세울 수 있는 공간에는 바위와 같은 방해물을 옮겨 놓아 행락객의 접근을 차단하려는 상황이 되었다.

요즘 아파트 지하, 엘리베이터, 담장 할 것 없이 버리고 간 일회용 커피 컵, 음료수 빈 병, 빈 담배 갑 등을 볼 수 있을 것이며, 유명관광지에 가보면 잘 보이지 않는 으슥한 곳에는 어김없이 방문객들이 투기하고 간 쓰레기가 쌓여있음을 쉽게 볼 수 있다.

차량이 상습적으로 밀리는 진입로에 가면 다른 차량들은 10여 분 이상씩 대기차선에서 기다리고 있는데도 어김없이 진입로 입구까지 쉽게 와서는 유유히 끼어드는 양심불량 차량들을 볼 수 있을 것이다.

가까운 이웃인 일본만 해도 이런 쓰레기 무단투기나 모두가 대기하는 데 순서를 지키지 않는 양심불량 차량을 거의 볼 수 없는데 우리는 왜 이리 심해지는 건지 알 수가 없다.

좋게 말하면 그게 한국 사람들은 문화라고 넘어갈 수도 있겠지만 우리나라 사람들이 불과 20~30년 전만 해도 이 정도는 아니었는데 해가 거듭될수록 심해지니 더욱 문제일 수밖에 없다.

이런 일들은 우리나라 각 분야의 사람들이 국가와 사회의 이익은 외면한 채 자신의 이익과 자신이 속한 집단의 이익만을 추구하는 집단이기주의로 가는 동안 도덕 불감증은 점점 커지고, 사회 지도층은 지도층대로 일반 국민은 일반 국민대로 서로 자신이 속하지 않은 다른 집단들을 탓하고 욕하며 사는 결과일 것으로 생각된다.

예로 들면 일반 국민들은 사회지도층이 모두 이 사회를 망가트리는 주범으로 생각하면서 욕하고, 사회지도층은 사회지도층대로 자신들이 속하지 않은 집단이나 일반 국민들을 탓하면서 욕하고 있는 것 같다.

사회지도층도 우리 국민이고, 일반인도 우리 국민이고, 심지어 세월호 사고를 낸 사주나 선장도 우리 국민이고, 교도소에 있는 범죄자도 우리 국민이고, 바로 우리의 친지, 친구, 이웃이 될 수 있음을 깨달아야겠다.

우리나라의 어느 집단에 속해서 어떤 일을 하고 있든 어떤 상태에 있든 대한민국 국민이면 모두 한국인이다.

우리나라가 진보와 보수, 사측과 노측, 정치인과 법조인, 언론인과 정치인, 지역별 정치 단결 등의 수많은 집단들에서 일어나고 있는 집단이기주의를 이제라도 멈추지 않으면 한국인의 미래는 더 이상 없어 보인다.

사회지도층에 있는 사람들이 그들의 소속기관에 윤리헌장이 없어서 일어나는 제도적인 문제도 아니고, 우리 일반인들이 윤리교육을 받지 않아 몰라서 일어나는 일도 아닐 것이다.

이는 우리 국민들의 의식수준의 문제라고 볼 때, 금번 우리나라가 코로나를 극복할 때 보여주었듯이 대통령과 정치집단들이 합심하여 나서서 예전 새마을운동과 유사한 국민의식 개혁운동을 추진하는 일이 가장 시급한 과제로 떠올랐다는 생각이 든다.

하지만, 국가가 지금같이 서로 분열되어 양극화가 심화되는 한 그런 일은 아마도 일말의 가치조차 없다고 치부하고 시도도 못 할 테니, 정치인들의 편 가르기 선동 등으로 극단적인 정치적 양극화가 심화되고 있는 우리 사회는 집단이기주의를 해소시켜 국론을 통일시키는 일이 최우선적으로 추진되어야 할 것 같긴 하다.

만약, 국론분열이 지속되면 우리나라는 정치적, 경제적, 도덕적으로 크게 추락하는 나라가 될 터인데, 후손들에게 그러한 나라를 물려줄 수밖에 없는 일이 현실로 다가왔다고 생각된다. 이러한 중차대한 시기에 정치권 최고 지도자들은 자신들이 해야 할 국민화합에 손을 놓고 오히려 국론이 분열될 수 있는 일들을 한다면, 우리나라가 한·일 합방 시 국가의 이익을 해쳤던 매국노보다도 더 심하게 국가를 망치는 일이 될 수 있다는 점을 진정으로 깨닫고 국론이 분열될 수 있는 일들을 더 이상 해서도 방치해서도 안 될 일 같다.

정치권 최고 지도자들이 갖는 이 사회에 대한 책임은 거의 국민들의 수만큼 국민 개개인보다 몇 백만 배나 된다는 점을 인식하고, 작금의 국가가 처한 현실을 정확히 보아, 지금이라도 대오 각성하여 제발 역사의 죄인이 되지 않기를 바라는 마음이 간절하다.

사회지도층만이 아니라 우리 국민 모두는 필자가 기억하기에 10여 년 전에 천주교 신도들의 차량에서 "모두가 내 탓이오" 하는 스티커가 붙어있었던 것으로 생각되는데, 우리 국민 모두가 이 뜻을 음미하고 또 음미하여야 할 때인 것 같다.

안전사고

안전사고란 사람들이 활동하는 생활환경이나 산업현장에서 사고에 대비한 주의를 소홀히 하거나, 작업방법이 불완전하거나, 안전장비의 미비 등으로 일어나는 사고를 말한다.

안전사고는 사고가 나지 않도록 예측과 대비가 가능한 부분이 많이 있긴 하지만 예측이나 대비가 불가능한 부분도 꽤 많이 있다.

작업 시에 작업자의 컨디션이 안정되어 있어야 한다거나, 안전한 작업방법과 순서를 모두 숙지하고 있어야 한다거나, 안전장구를 모두 비치하고 착용하여야 한다거나 하는 등 모든 안전에 대한 대비를 했다고 안전사고를 완전히 막을 수는 없을 것이다.

현실은 모든 작업자의 컨디션이 항상 완전할 수도 없고, 사람이 신이 아닌 이상 모든 사고요인을 다 예측할 수도 없고, 작업 중에 새로운 변수가 추가로 생길 수도 있어, 안전사고를 크게 줄일 수 있는 방법은 있으나 완전히 없앨 수는 없다고 생각되며, 이는 우리가 아무리 조심해서 자동차를 운전한다고 해도 사고율을 낮추는 것은 가능하겠지만 사고를 아예 없앨 수는 없는 것과 마찬가지라 하겠다.

안전사고가 나면 사고를 일으킨 당사자인 작업자의 손해가 가장 크겠지만, 사업주나 관리자가 보는 손해도 매우 크기 때문에 사업주나 관리자가 고의로 사고를 내는 일은 거의 없다고 보아야 할 것이다.

세월호 사고를 보면서 필자는 엄청난 충격을 받았다. 그 사고로 희생된 분들이 많았고 특히, 어린 학생들이 많이 희생되어 더욱 그러기도 하였지만, 그 사건을 처리하는 과정을 보면서 그 처리 과정이 너무나 합리적이지도 이성적이지도 않았기 때문이다.

세상엔 서로 간에 얽혀진 인연에 따라 별별 일이 다 생기게 마련이므로 이 세상에 지진으로 한 번에 십만 명이 넘는 인명을 빼앗는 일도 있었고, 타이타닉호 사고와 같이 3,700여 명이 한 번에 희생되는 사고가 나기도 하듯 과거에도 그랬고, 미래에도 세월호 사고보다 더 큰 대형사고는 나게 마련이다.

세월호 사고가 난 다음에 그런 사고가 다시는 일어나지 않도록 사고 원인을 정확히 분석하여 이성적으로 대처하여야 할 텐데, 정치권과 매스컴은 사고 후 대책 마련에 힘을 쓰기보다는 국민들을 선동하면서 사고 외적인 것에 집중하는 것으로 보인다.

세월호 사고의 원인으로 발표된 것을 보면 배가 전복한 주원인이 초등항해사가 무리하게 급격히 항로를 변경함으로써 생긴 일이라 하고, 보조적인 원인으로는 선적한 차량을 배에 단단히 고정하지 않아 배가 기울면서 차량들이 낮은 방향으로 쏠리며 균형을 더욱 무너트려 전복된 것으로 필자는 이해하고 있다.

그러면 사고의 주원인과 보조적인 원인의 행위자는 물론 그 원인과 인과관계가 있는 사람들을 처벌하여야 함은 당연하므로 사주가 그 사건에 인과관계가 있을 확률이 매우 높으므로 사주를 처벌하는 것까지는 충분히 이해가 되나, 사주의 가족 등 그 외에도 많은 사람들이 그 사건으로 처벌되거나 온갖 수모를 당하였는데 그런 일이 논리적이며 이성적인 처사였는지에 대해 필자는 동의하기 어려웠다.

그러면 모든 국민들은 부모나 자식이 내는 사고를 모두 책임져야 하고, 기업인들은 회사의 사고를 모두 책임져야 하고, 어떤 사고이든 정부의 제도 또는 관리감독과 조금이라도 연관성이 없는 사고는 없을 테니까 정부 각 부처의 장관과 대통령은 나라에서 일어나는 모든 사고를 책임져야 할 텐데, 전혀 이성적이지 않다는 생각이 들었다.

그렇다면 우리 국민들은 모두 자신의 본연의 일에 힘쓰기보다 사고를 지키는 일에만 힘을 써야 하는 날이 올지도 모르겠다는 생각이 든다.

세월호 사고 전까지만 해도 우리나라는 사고가 아주 빈번하여 안전교육과 안전점검이 자주 있는 공사장, 공장 등을 제외하고는 안전사고가 비교적 적었던 분야의 작업장이나 현장은 안전점검도 잦지 않았으므로 작업자들이 안전장구를 착용하거나 안전수칙을 지키는 것도 대체적으로 소홀했던 게 사실일 것이다.

세월호에서 선적한 차량을 배에 고정하지 않아 배가 기울며 전복하는데 보조적 원인을 제공한 일에 대해 생각해 보면, 그 규모의 선박을 운용하는 다른 회사들의 책임자들도 모두 한국인인데 과연 선박에 차량을 적재하면서 모두 제대로 고정하였을지는 쉽게 유추해 볼 수 있을 것 같았다.

아무리 큰 사고가 나더라도 우리는 이성을 잃지 말고 냉철히 인과관계를 정확히 따져 현행법의 테두리에서 사건을 처리하여야 온 국민이 법에 평등할 수 있을 것임에도, 온 국민들이 흥분하여 세월호 사고의 정확한 인과관계보다 세월호 선주회사의 사주와 그 일가족을 사회에서 매장시키는 데 집중하더니, 다음에는 당일 대통령의 행적까지 조사하고 난리법석을 떨었던 것 같다.

우리 사회는 일단 안전사고가 나면 마치 신이나 지킬 수 있는 정도의 규범을 요구하면서 사업주가 고의로 사고를 낸 것처럼 사업주나 관리자의 사고 외적인 것까지 모두 조사하여 가혹한 형사적 처벌과 함께 사회에서 매장시키려 하는 것 같다는 생각이 든다.

이러한 일로 국민들을 자극하여 정치적으로 이득을 볼 수 있다 하더라도 그로 인해 이 사회에서 매장되는 사업주들이 바로 우리의 이웃이고 내가 될 수도 있다는 점을 감안한다면 해서는 안 되는 일이라고 생각한다.

안전사고가 나면 그 사고를 적개심을 품고 고의적으로 벌린 일이 아닌지 그리고 다른 작업장에서는 그 작업에 대한 안전예방이 철저함에도 불구하고 그 작업장에서만 지키지 않아 일어난 사고인지, 아니면 단순한 실수였는지 등의 사고를 일으킨 원인을 정확히 조사하여 그에 걸맞게 처벌할 일이지 사고 외적인 것까지 조사하여 사업주를 처벌할 일은 아닌 것 같다는 생각이 든다.

우리 사회는 세월호 사고라는 큰 사건을 겪었으면 그 시점을 변곡점으로 사회의 모든 분야에서 훨씬 좋은 방향으로 사회가 바뀌어야 할 텐데, 거꾸로 집단이기주의는 더욱 성행하게 되었고, 이 사회의 도덕 불감증은 더욱 심해지는 것 같다는 느낌이 든다.

지금이라도 세월호 사고를 냉철히 돌아보고 반성하여 우리 사회가 다시 발전할 수 있는 계기가 되어 주었으면 좋겠다.

사고 후 처리

세월호 사고 이후 우리나라 군, 교육계, 공직사회 등 모든 분야에서 생기는 사고에서도 마찬가지의 현상이 나타나고 있는 것 같다.

군인들도 사람인자라 군대에도 성격이 괴팍하여 통제하기가 어려운 군인도 있을 수 있고 별별 사람이 다 있을 수밖에 없으며, 이들을 거를 수 있는 사회적 시스템도 한계가 있으므로 언제든 사고는 날 수밖에 없을 것이다.

사고가 나면 그 사고의 원인을 정확히 조사하여 과실 정도에 따라 해당자와 지휘관을 처벌하여야 함에도 현재 사회 분위기는 세월호 사고의 처리와 유사하게 무조건 관리자를 처벌하는 위주로 사고처리를 하는 것 같다.

군인은 생명을 담보로 국가를 지키는 일이므로 어쩔 수 없이 기강이 가장 필요한 조직인데도 군대에서 상급자의 구타사고 등이 나면 무조건 지휘관을 처벌하여 군대의 기강은 사라지고, 시중에 떠도는 말대로 군인들이 국가를 지키는 게 아니라 사고를 지키는 군인들로 전락하게 된다면 이 나라는 누가 지킬 것인가 하는 걱정이 크게 든다.

언젠가 초등학생 자녀를 둔 부모에게 들은 말인데 짓궂은 일부 아이들이 친구들과 짜고 한 친구가 선생님에게 의도적으로 대들어 선생님의 화를 북돋고, 혹여 선생님이 화가 나서 아이를 때리거나 폭력적 언사를 쓴다면 다른 아이들이 휴대폰으로 찍는 일도 있다는 말을 듣고 필자는 아연실색한 적이 있다.

그 학부모가 거짓을 말할 리가 없지만 설사 거짓을 말했다 하더라도 지금의 사회적 분위기로는 충분히 일어날 수 있는 일 같아, 우리나라의 장래가 달린 아이들의 교육현장에서도 교권 상실로 이런 일이 일어나고 있으니, 이 나라의 앞날이 어찌 될지 큰 걱정이 아닐 수가 없다.

반면에 사업을 하는 사람들은 대부분 먹고살기 위해 사업을 하기 때문에 일을 안 해도 군대와 같이 정부에서 돈을 주지도 않으니 어쩔 수 없이 현재와 같은 분위기에도 사업을 하긴 하겠지만, 얼마나 불안감을 느끼면서 사업을 하겠는가 생각하면 불쌍하다는 생각까지 드는데 그게 필자만 느끼는 감정인지 의문이 든다.

어느 정도 규모가 되는 회사는 대표이사가 작업자를 직접 관리할 수 있는 구조가 아닌데도 중대재해처벌법을 만들어 사고가 나면 대표이사까지 엄하게 처벌한다고 하는데 어떻게든 사고를 줄이겠다는 의지는 이해가 되나, 대표이사가 회사를 운영하는 일보다 사고를 막는 일에 더 전념하여야 할 것이므로 기업인이 위축되어 사업을 열심히 할 수 없을 것 같다는 생각이 든다.

만약 "구더기 무서워 장을 못 담근다."라는 옛말과 같이 군대에서 큰 인명사고가 있다고 하여 정부에서는 다시는 이런 일이 생기지 않도록 군대의 기강을 회수하여 군대를 무력화시키거나, 학교에서 교사가 학생을 훈육을 위한 목적이 아닌 일로 학생을 괴롭혀 그 학생이 자살에 이르는 사고가 있었다고 선생님의 교권을 회수하거나 하는 일이 생기고, 기업의 대표이사는 회사의 경영에 힘을 쓰기보다 사고를 지키는 일에 더 힘을 써야 한다면, 우리나라는 누가 지키고, 우리의 미래인 어린이들은 누가 가르치며, 나라의 경제는 누가 끌고 갈지 걱정이 크다.

우리는 세월호 사고 이후 현재의 안전사고나 각종 사고를 처리하는 정책이나 사회적 시스템이 국가와 국민을 위하여 진정으로 올바른 것인지를 돌아보고, 문제가 있다면 새로운 방향을 찾아 새로운 길로 나아가야 할 것 같다.

우리는 안전사고나 각종 사고를 완전히 없애겠다는 것은 오직 이상일 뿐이지 현실은 불가능한 일이므로, 사고를 완전히 없애겠다고 이 사회의 모든 시스템을 마비시킬 게 아니라 줄이려고 노력하는 게 더 현명한 일임을 알아야 될 것 같다.

우리나라는 세월호 사고 이후 "안전 불감증"이 아니라 오히려 "안전 예민증"에 빠져 우리 사회가 심각한 후유증을 앓고 있는 것 같은 느낌이다.

안전 불감증

안전 불감증이란 안전사고에 대한 인식이 둔하거나 안전에 익숙해져서 사고의 위험에 대해 별다른 느낌을 갖지 못 하는 일이라 한다.

바꾸어 말하면 안전사고에 의한 심각한 피해를 본 적이 없어 안전사고 예방의 중요성을 모르기 때문에 나타나는 현상이라고 볼 수 있겠다.

안전은 사회적으로나 개인적으로나 가장 중요시 할 일 중의 하나임에 틀림없어 정부는 안전사고 예방을 위한 교육, 제도 개선 등에 온 힘을 써야 함은 마땅한 일일 것이다.

더구나 우리 사회에서는 세월호 사고를 겪으며 국민들이 받은 충격이 너무나 커 그 사건을 계기로 국민들이 안전사고의 중요성을 인식하는 큰 계기가 되었다고 볼 수 있을 것 같다.

세월호 사고를 계기로 우리 국민들의 성격에 내재되어 있는 안전 불감증이 일부는 남아있겠지만, 안전사고 예방교육, 제도 개

보통 사람이 본 대한민국

선 등은 크게 진전되어 더 이상의 좋은 방법이 또 있을까 싶을 정도로 개선되었다고 볼 수도 있겠다.

우리가 아무리 운전을 조심해도 교통사고는 날 수밖에 없듯이 작업이 있는 곳에는 항상 예측할 수 없는 변수가 숨어있기 때문에 사회와 산업이 존재하는 한 안전사고는 그래도 나게 마련이다.

안전사고를 아예 없게 하려면 모든 산업을 없애거나 해야지 안전사고 예방교육과 제도 개선을 아무리 철저히 하여도, 중대재해처벌법을 만들어 안전사고를 일으킨 사업장의 책임자를 아무리 강하게 처벌한다 하여도 안전사고를 없앨 수 있는 방법은 없을 것이다.

하지만 지금의 우리 사회를 보면 "안전사고 불감증"이 아니라 오히려 "안전사고 예민증"이 더 문제인 것처럼 보인다.

예를 든다면 안전에 관한 지침들이 너무 강화되어, 움직이지도 않고 가만히 제자리에 있는 1톤의 스테인리스로 된 탱크인데도 위험물이 들어있다 하여 매일 순찰하여 안전 점검일지를 써야 한다면 산업체의 인력 허비로 이어질 것이다.

어떤 규제 기준을 만들 때는 그 규제로 인한 비용 대비 효율성을 감안하여야 할 텐데 그런 기준이 없이 무조건적으로 강화한다면 결국에는 우리 산업의 대외 경쟁력을 약화시켜 경제를 어렵게 만들 것이라고 생각된다.

안전사고를 일으킨 사업장의 대표자를 아무리 강하게 처벌하여도 안전사고를 없앨 수는 없고, 오히려 기업인들의 투자의욕을 감소시켜 우리나라 수출산업의 경쟁력을 약화시키고, 국민들과 청소년들의 일자리만 감소시키는 게 아닐까 걱정된다.

이제는 우리 사회가 오히려 과다한 "안전사고 예민증"에서 벗어나 정상적인 일상으로 돌아가야 할 때인 것 같다는 생각이 든다.

인사청문회

우리나라는 인사청문회가 많기도 하거니와 인사청문회를 할 때마다 사회적 갈등을 더욱 키우는 것 같다.

인사청문회를 보면서 본인의 잘못에 개입한 문제는 당연히 당사자로서 인사 청문의 대상이 되는 문제라고 하겠지만, 간혹 본인이 개입되지 않은 부모나 자녀의 일까지 인사 청문 대상자에게 공격하는 일이 있는 것 같은데 옳지 않은 일 같다.

우리가 식민지 시대에 일본 이름으로 개명을 했다거나, 면서기가 되어 근무했다고 과거 살기 위해 어쩔 수 없이 하게 된 일을 지금의 시점을 기준으로 판단하여 친일이라고 할 수 없듯이, 과거에는 가정형편이 어려워 대학의 학위가 없는 대부분의 공무원들이 학구열을 이기지 못하고, 학위취득을 위해 야간대학에 입학을 하고 바빠서 출석도 제대로 못 하면서 주변의 도움을 받아 논문을 쓰고 학위를 취득하는 사례가 빈번하였다.

물론 그 행위가 옳은 행위는 아니었지만 당시 공무원들의 보편적인 행동이었음을 감안한다면 다른 면에서 인품이 충분한데도 불구하고 그 일로 인해 청문보고서를 채택하지 못하도록 하는 것은 옳지 않는 일 같다.

도덕적 해이로 고위 공직에 있으면서 외유성 해외여행을 가지 않은 공무원이 거의 없을 텐데 그리 따지면 고위 공직에 있었던 사람들은 처음부터 인사 청문이 필요한 직위에 앉을 자격이 없을 거란 생각이 든다.

당시에 일어났던 일이 위법하거나 도덕적으로 잘못된 일이긴 하지만 당시 보통 사람들이 큰 죄의식 없이 이루어지고 있었던 잘못이라면 그런 사유 하나만으로 청문대상자의 결정적인 결격 사유라고 보긴 어려울 것 같다는 생각이 든다.

하지만 이런 일로 야당들은 과거나 현재나 늘 반대를 위한 반대로 집권당의 발목을 잡는 갈등을 빚고, 국민들의 민심을 갈라 놓는 결과를 낳고 있는 사례가 많았는데 이제부터라도 좀 더 성숙한 인사 청문회를 만들어야 한다는 생각이 든다.

정당

정당법에 의하면 "정당이란 국민의 이익을 위하여 책임 있는 정치적 주장이나 정책을 추진하고 공직선거의 후보자를 추천 또는 지지함으로써 국민의 정치적 의사형성에 참여함을 목적으로 하는 국민의 자발적 조직을 말한다."라고 한다.

헌법에 의하면 "정당의 설립은 자유이며, 복수정당제는 보장된다."라고 하면서 "정당은 그 목적·조직과 활동이 민주적이어야 하며, 국민의 정치적 의사형성에 참여하는 데 필요한 조직을 가져야 한다."라고 되어 있다.

정당의 첫 번째 목적이 국민의 이익을 위한 정책추진이라 함은 정당이 사당화되어 사익이나 추구하는 조직이 아니고, 국가의 이익을 우선하여야 하는 조직일 것이다.

따라서 정당들이 국가적 이익보다는 하위 집단의 이익만을 대변하여 정책을 집행한다면 이미 그 정당은 정당으로서의 가치를 상실했다고 보아야 할 것 같다.

우리나라의 정당들은 이 점을 가장 명심하고 정당이 필요하며 있어야 하는 이유를 분명히 깨치어 진정 국민의 이익을 위한 정책추진을 하는 정당으로 거듭나야겠다는 생각이 든다.

정당은 그 목적·조직과 활동이 민주적이어야 한다고 함은 민주주의에서 당연한 일일 것이며 정당이 대통령이든 당의 총재이든 1인의 의사에 의해 좌지우지 되지도 말고 민주적 절차에 의해 당의 의사를 모아 정책을 추진해 나가야 할 것 같다.

또한 정당은 공직선거의 후보자를 추천 또는 지지하는 역할도 있으므로 진정 국가의 이익을 대변할 수 있는 인사를 추천하여 관직이나 독점할 목적으로 사익이 개입되면 안 된다는 생각이 든다.

우리나라의 집권당은 입법기능을 수행함에 있어 야당도 비록 의석 수에는 차이가 있지만 국민들을 대표하고 있음을 고려하여 협의와 조정으로 합의에 의하지 않고 자신들의 제안대로만 밀고 갈 일이 아니고, 야당은 국가의 이익을 생각지 않고 과거와 같이 무조건 반대를 위한 반대로 일관하여 국회의 협치가 사라지게 만들지 말아야 할 것이라는 생각이 든다.

정책 결정 사항도 마찬가지로 국민들의 재산이나 건강이 심히 우려되어 추진해야 하는 분야는 최적의 대안을 찾을 수 있도록 여·야가 따로 없이 서로 머리를 맞대고 협조하여야 할 텐데 정당들이 점점 강성으로 변하고 있어 걱정이 크다.

우리나라는 정당운영비가 국가에서 지원되고, 각종 공직자들의 선거에서 공직선거법에 따라 선거에 필요한 경비를 제한하고 있고, 필요한 경비를 지원하고 있으며, 당선되면 공직자의 급여와 운영비가 모두 지원되며, 국회의원의 경우에는 보좌관을 최대 9명까지도 쓸 수 있다고 한다. 국회의원에게 지원되는 각종 경비가 너무도 많은데 정당이나 국회의원에게 정치후원금이 필요한지도 의문이다.

정당의 정당한 운영을 위해 필요한 추가 자금이 설사 있다 해도 국가의 재정능력으로 보면 미미할 텐데 차라리 국가에서 필요 경비를 부담하는 일이 있더라도 정치후원금으로 인한 집단이기주의가 심화된다면 제도를 개선할 필요가 있어 보인다.

모든 제도에는 장점과 단점이 있듯이 정치후원금 제도에도 정치자금의 기부행위를 통하여 국민들의 정치참여의 확대를 유도하거나 하는 다른 장점들도 갖고 있겠지만 집단이기주의를 심화시키는 단점이 더 커 보여 적극적으로 검토할 필요가 있다고 본다.

우리나라의 정부조직도 정권이 바뀔 때마다 바뀌고, 대학입시 제도도 정부가 바뀔 때마다 바뀌고, 정당의 명칭도 큰 선거가 있을 때마다 바뀐다. 바뀐다고 효율이 더 나아지거나 하는 것은 없고, 국민들의 눈과 귀만 현란하게 만들 뿐 돌고 돌다 보면 다시 본래의 위치로 오는 것 같은 느낌이다.

이제 지역구 국회의원은 각 지역구에서 선거로 뽑는 것으로 알고 있는 반면 비례대표 국회의원은 어떻게 뽑는 건지 공부를 해도 알기가 어려울 것 같으며, 구태여 공부할 필요성도 느끼지 않음은 거의 모든 국민들이 이해하지 못하는 제도이니 금방 또 바뀔 것 같으니 말이다.

 나라의 중추적 역할을 담당하는 입법기관의 정당들이 국익을 우선하지 않고 자신들의 집단을 위해 마음대로 법을 바꾸는지 우리 국민들의 철저한 감시가 필요할 것 같다.

정치인의 신용

신용은 사전적 의미로 "어떤 말이나 행동을 믿을 만한 것으로 받아들이는 것"이라 하므로 신용이 있으려면 거짓말을 하지 말아야 하고, 자기가 한 말은 반드시 지키는 일인 것 같다.

요즘 정치집단들은 자신들이 반드시 하겠다고 국민들 앞에서 약속한 일들을 자신들에게 불리한 상황이 생겼다고 지키지 않고 번복하는 사례가 생기니, 국민들은 정치집단이나 정치인들이 거짓말을 하고 한 말을 지키지 않는다고 생각하며 믿지 못하는 것 같다.

국가 운영에 미치는 책임감의 크기로 보면 정치인들은 일반 국민들보다 몇만 배나 크므로 우리 사회에서 정치인들의 신용은 그만큼 중요하다. 우리 사회가 신용사회로 가는 데 중요한 역할을 하여야 할 정치인들은 자신들의 책임감을 느껴야 할 것 같다.

우리 사회가 신용사회라고들 하는데 국민들은 유독 국가를 경영하는 막중한 책임을 진 정치집단과 정치인들을 계속 신용하지 못하게 된다면 국가의 장래를 걱정해야 될 일인 것 같다.

정치인들을 만드는 사람들이 국민인 이상 우리 국민들도 이런 잘못에 대해 자유롭지 못하므로 이제부터라도 국민들은 정신을 차리고 정치인들의 행동을 감시하면서 주권행사를 해야 할 것 같다.

대한민국 모든 정치인들과 정치집단들은 경쟁 상황에서 이득을 취하기 위해 규칙을 깨는 부정행위를 하지 말고 국가와 국민들을 위해 신용을 빨리 회복하였으면 좋겠다.

정치개입

　우리나라 국민이라면 누구나 국가를 운영하고 끌고 가는 근본인 정치에 대해 관심을 가지고 정치에 참여하여야 정치가 올바른 방향으로 가도록 유도할 수 있을 것이다.

　종교인, 연예인, 학자 등도 자신들 본연의 임무에 충실하면서 대한민국 국민의 한사람으로서의 주권행사에 의한 정치참여는 얼마든지 가능하다고 보지만, 집단이기주의에 물들어 자신들이 지지하는 정치집단들에게 이익을 주기 위하여 자신들의 유명세를 이용해 정치적 발언을 서슴지 않고 성명을 내고, 정치집회를 주관하는 등의 사례는 정당한 정치참여가 아닌 정치개입에 해당되므로 해서는 안 될 것 같다.

　예를 들어 천주교의 신부이면 본분이 종교인이므로 종교 활동에 전념해야 하지만, 신부도 국민의 한 사람으로서의 정치참여나 개인적인 주권행사를 문제 삼을 수는 없다.

　혹여 천주교가 정부로부터 핍박을 받는 사안이 있다면 피해를 받는 당사자 집단의 일원으로서 그 한정된 사안에 대한 정치참여는 정당한 자기방어로 누구도 시비를 할 수 없을 것 같다.

하지만 우리나라 수많은 천주교 교인들을 등지고 자신들의 집단에 해당되는 사항이 아님에도 불구하고 성명을 발표하는 등 무분별한 정치개입을 하게 된다면 그 결과로 국민들의 극단적인 정치적 양극화를 심화시켜 국론분열을 조장하게 되어 국익을 해치는 결과로 나타날 것 같다.

우리나라의 기독교인은 천만 명이 될 정도로 많은데 기독교의 목사들도 마찬가지로 자신들의 본분을 잊고 교인들을 등지고 자신들 집단에 해당되지 않는 일에도 불구하고 시위를 주도하고, 성명을 내는 일은 천주교와 마찬가지로 국민들의 정치적 양극화를 심화시켜 국론을 분열시켜 국익을 해치는 결과로 나타날 것 같다.

불교와 다른 종교도 마찬가지로 정치적 목적으로 종교를 박해하거나 할 때 당사자들로서 성명을 내고 시위를 하는 것은 당연한 자기방어에 해당되겠지만, 종교인들이 자신들의 신도 수를 등에 지고 자기들과 관계되는 사항이 아닌데도 불구하고 집단이기주의에 편승하여 정치에 개입하는 것은 금지되어야 할 것 같다.

과거부터 종교가 정치와 부에 물들어 사회를 혼탁하게 만들어 종교개혁이 일어났던 사례를 거울삼아 종교인은 종교인으로서 본분을 다 해야 할 것 같다.

연예인도 마찬가지로 국민의 한 사람으로서 주권을 행사하고 자신이 속해 있는 집단으로서 권리를 찾기 위한 정당한 정치참여가 아닌 일에 나서서 국민들이 많이 불편해 하는 일들이 많다.

연예인이라는 유명세를 등지고 공적인 장소나 정치적 시위집단에 참석하여 정치적 발언을 하여 국익에 손해를 끼친다면 결국에는 자신들의 사익을 챙기는 꼴이 된다.

결국 앞장서서 국민들의 극단적인 정치적 양극화를 조장하는 결과로 나타나, 국가가 국론분열로 인해 파국으로 가는 데 주도적인 역할을 한 것이 되어, 자신도 모르게 역사의 죄인이 되어 있을 수 있다는 사실을 깨달아야 할 것 같다.

정부에서 추진하는 코로나에 관한 의료정책에 대해 의사협회 등에서 찬반주장을 하거나, 삼권분립의 문제에 대해 변호사협회나 법률 관련 학회에서 의견을 내는 것 등은 전문가 집단으로서 국가의 발전을 위해 충분히 할 수 있는 일로 생각되지만, 전문가 집단의 영역이 아닌 관변단체 등의 단체에서 자신들 단체설립의 목적과도 무관한 정부정책이나 야당이 추진하는 정책에 대하여 찬반성명을 내는 것 등은 편 가르기에 의한 부당한 정치개입으로 생각되어 하지 말아야 할 일 같다.

각계각층에 있는 학자들이 자신들의 전문가 영역에 직접적으로 관계되는 일이 아닌데도 불구하고 정치적 이슈가 되는 일에 대해 단체로 성명을 내고 하는 일도 마찬가지로 국민들의 정치적 양극화를 부추기는 결과로 나타날 것이므로 금지되어야 할 것 같다.

제발 우리 사회의 종교인, 연예인, 지식인들은 자신들의 직업이나 신분을 정치인으로 바꾸어 정치집단에 속한 채 정치를 하지 않는 한 자신들의 본분에 충실해야 할 것이며, 공공장소에서 특정 정당들에 편향된 발언이나 행동을 서슴없이 하는 정치개입으로 국론을 분열시키는 결과가 되어 자신들도 모르는 가운데 역사의 죄인이 될 수도 있음을 알았으면 좋겠다.

　　　　　　　보통 사람이 본 대한민국

역사

　역사를 연구하고 공부하는 목적은 우리가 당면하고 있는 문제들을 과거의 경험을 통하여 해결하고 나아가서 새로운 미래를 개척하기 위함이라 한다.

　과거 필자의 역사 선생님께서는 역사는 과거의 일을 거울삼아 동일한 과오를 되풀이하지 않기 위하여 배운다고 했었는데 참으로 마음에 와닿는 말씀이었다.

　우리나라는 이와 같이 과거와 동일한 과오를 범하지 않기 위해 역사의 중요성을 인식하고, 초·중·고의 교육과정에서 역사를 필수과목으로 하고, 대학수학능력시험과 공무원임용시험에도 역사를 필수과목으로 하지 않았나 싶다.

　우리나라가 임진왜란과 같이 일본에게 침략을 당해 국토가 유린되었을 때나 국가의 주권조차 잃어버리고 식민 지배를 받을 때나 그 배경에는 사색당파 등으로 국론이 분열되어 국방을 소홀히 하였기 때문에 일본을 이기지 못하여 고통을 당했던 것이다.

사회에서도 싸움을 걸 때는 상대가 만만해 보이니까 싸움을 걸듯이 과거의 역사를 보면 임진왜란 때나 이후에도 우리나라가 사색당파 등으로 국력이 약해진 틈을 타 일본이 우리나라를 침략했음을 알 수 있어, 우리가 역사를 통하여 반성한다면 더 이상 국민들의 극단적 양극화로 조선시대 사색당파보다 심한 국론분열로 인해 국방을 소홀히 해서는 안 될 것 같다.

우리 국민들은 우리나라를 지키는 힘이 부족하여 일본에게 침략당하여 고통스런 식민 지배를 받고도 그런 중요한 사실을 말하는 사람들이 별로 없는 것 같아, 우리가 역사를 왜 그리 중요시 여기나 의문이 들 때가 많다.

우리나라도 일본에 침략을 받아 피해를 본 중국이나 동남아의 많은 국가들처럼 자신들이 약하여 침략을 당한 사실을 알고, 자기반성을 통하여 국방을 강화하고, 과거는 과거로 묻어두고 미래를 향하여 나아가는 진보적인 국가가 되었으면 좋겠다.

우리나라는 과거의 지나간 역사를 문제 삼아 일본과 지속적인 갈등으로 양국의 무역량이 감소되어 경제적 손실을 점점 커지게 하여, 국민들의 일자리가 점점 줄어가는 일이 없도록 하여야 할 것 같다.

우리나라가 학교에서 역사를 필수과목으로 가르치고, 대학수학능력시험과 공무원임용시험 등에도 역사를 필수과목으로 해야만 하는 이유가 설명이 되려면, 진정 역사를 거울삼아 사색당파보다 더욱 심해 보이는 정치적 양극화에 의한 국론분열을 여기에서 중지시키고, 국방을 튼튼히 하여 다시는 외래의 침략으로 국가가 전복되지 않도록 하는 데 온 힘을 써야 할 것 같다.

우리나라는 툭하면 과거사에 대한 진실규명과 적폐청산을 해야 한다는 말이 정치권에서 나온다. 현재의 범죄자를 구속 상태에서 조사해도 증거를 찾기가 어려운 것이 현실인데도 불구하고, 몇십 년이 지난 과거의 일들을 신이 아닌 인간들이 지금에 와서 제대로 규명하고 정리하겠다는 말은 자신들과 관계가 있거나, 국민들을 자극하여 이득을 볼 수 있는 사건에 한하여 자신들에게 유리한 방향으로 재설정함으로써 국민들을 충동질하겠다는 뜻으로 보인다.

결국에는 국민들 간의 갈등을 부추겨 국론을 분열시키는 결과만 가져올 것이므로, 후대의 역사가들이 판단하도록 역사로 남겨둘 일들일 것이며, 더구나 전 국민들의 합의가 안 되면 이해관계자일 수밖에 없는 사람들이 과거사를 정리하고 적폐청산을 하겠다는 것들은 멈추었으면 좋겠다.

이러한 식의 과거사 정리와 적폐청산이 계속 이루어진다면, 우리나라는 정권이 바뀔 때마다 동일한 일이 반복되어, 지금까지 진행되어 온대로 현재와 미래의 모든 대통령들은 물론 그들과 밀착되었던 사람들은 모두 감옥 신세를 져야 하는 악습이 지속될 것 같다.

아래의 백범 김구 선생님의 말씀에 「허다한 과오를 은감(거울삼아 경계하여야 할 전례)으로 삼아서 복철(이전에 실패한 자취)을 밟지 말기를 원하는 노파심」이라 하셨는데, 그게 바로 역사를 배우는 의미가 아닌가 생각된다.

「내가 지금 이것(백범일지)을 쓰는 목적은 해외에 있는 동지들이 내 50년 분투 사정을 보고 허다한 과오를 은감(거울삼아 경계하여야 할 전례)으로 삼아서 복철(이전에 실패한 자취)을 밟지 말기를 원하는 노파심에 있는 것이다.」

국방

북한 어선이 동해로 서해로 남하하여 귀순하는 일들이 생기고, 북한 주민이 교동도로 헤엄쳐 넘어와 귀순하는 일이 생기고, 북한군이 전방 비무장지대를 통하여 귀순하는 일이 잦은 것 같다.

북한 목선이 동해의 삼척항 인근에서 밤에 수 시간 대기하다 새벽에 항구에 도착해 정박할 때까지 우리 군은 아무런 조치도 취하지 못했다고 하며, 남하한 사람 중 일부는 남한에 귀순하고 일부는 북한으로 돌아갔다고 한다.

동부전선의 경우 북한 병사가 아무런 방해도 받지 않고 철책과 경계를 넘어와 전방 경비대의 막사에 노크를 해가면서 귀순의사를 밝히고 귀순하였던 일도 있었다.

필자는 이런 귀순을 대부분은 순수한 귀순이라고 생각하지만 분명히 일부는 우리 남한의 경비태세를 점검하기 위하여 귀순을 가장한 의도적인 침투시험일 경우도 있다고 생각되는데 그 이유는 내가 북한군의 책임자라면 나라도 그랬을 테니 말이다.

우리 군인들이 갖추어야 할 군기가 너무나 크게 해이해져 과연 군인이 군인의 역할을 할 수 있는가를 걱정하는 국민들이 많듯이 북한에서도 당연히 우리 군인들의 군기와 사기를 다 알 테니 경비태세를 시험해 보려 할 것이 틀림없기 때문이다.

작년 강원도 동부전선의 아군 GP에 북한군이 사격을 가했는데도 기관총의 공이가 부러져 있어서 대응사격이 30분이나 늦어 사회적 문제가 된 일이 있었다.

북한군을 지키는 최전방에서 사격을 당하고도 총의 불량으로 대응사격을 30분씩이나 늦게 한다는 사실을 우리나라 매스컴을 통해 북한에서 알고 있으니, 우리 군의 경비태세가 얼마나 형편없는지를 훤히 알고 있는 한 앞으로 어떤 더 큰 일이 일어날지 예측하는 것 자체가 힘들 것 같다.

강화도 북쪽 강화도 연미정 배수로로 탈북민 김 모 씨가 철책 밑 배수로를 통해 탈출 후 헤엄쳐 북한으로 건너간 사건에서는 열영상장비(TOD)에 그 모습이 찍혔지만 정작 초소 근무자는 몰랐다고 매스컴에 보도되어 온 국민들이 알고 있는데 북한이 모르고 있을 리 없을 것이다.

북한에서는 앞으로도 우리 군의 경비태세를 지속적으로 확인하기 위해 더욱 다양한 방법을 사용하여 민간인도 내려 보내고 군인도 내려 보내어 우리 군의 경비태세를 시험할 것이 틀림없어 보인다.

어쩌면 1968년 1월 21일 31명의 북한 군인을 남파하여 청와대를 습격하려다 붙잡혔던 김신조사건 때보다도 경계태세가 더욱 형편없다고 판단한다면, 그 사건보다 더욱 큰일을 실행할 계획을 이미 세우고 기회만 엿보고 있을지도 모른다는 우려가 필자만의 생각일지 의구심이 든다.

우리나라가 힘이 약하여 매번 일본에게 침략을 당해왔고, 일제 치하에서 고통을 받았던 우리 할머니, 할아버지들의 배상을 받아주려고 지금도 노력하고 있으므로 그런 역사를 보면서 국가가 해야 하는 일 중에서 가장 중요한 것은 안보라는 것을 깨달았을 텐데, 우리나라는 공무원 시험에도 반드시 역사를 넣게 하고 역사를 그리도 중요시 해왔는데, 요즘 일어나는 일들을 보면 역사는 그냥 외우기 위해 배우는 건가 하는 의심이 들기도 한다.

전쟁 중인 나라에서는 군인들이 실제 전쟁에 참가하고 있겠지만, 우리나라와 같이 휴전 중인 나라는 전쟁이 일어나고 침입이 있을 때를 대비하여 군인들이 항상 임전태세를 갖추고 있다가 막상 전쟁이 나거나 적의 침입이 있으면 적에게 총을 겨누고 적을 죽여야만 나라를 지킬 수 있을 것이다.

군에서 일부 사병의 괴롭힘이 있었다고 그런 일을 아예 없애기 위해 시중에서 떠도는 말대로 사고를 지키는 군인으로 전락된다면 지휘관들은 사기를 잃고 윗사람들과 아랫사람들의 눈치 보기에 바빠 군의 기강은 형편없이 무너질 것이다. 기강이 무너진 군인은 적으로부터 침략이 있을 때 총을 쏘아 적을 죽여야 하는 전쟁을 할 수 없는 군인이 될 것이 자명하므로 나라의 방위에 대한 걱정이 무척 크다.

이와 같이 군인이 기강이 무너지고 사고를 지키는 군인이 된다면 구태여 육군사관학교에서 힘들게 전술공부 등의 군사학을 가르친 고급인력의 군의 지휘관들이 필요 없을 테니, 대학과정에서 부전공으로 몇 학기 군사학을 이수한 자를 뽑아서 지휘관으로 쓰면 될 것도 같다는 생각이 든다.

전쟁은 우리나라의 의지가 아니라 상대국의 의지에 의해 발발하므로 아무 일도 없을 거라고 방심했을 때가 오히려 가장 위험했던 과거의 역사를 거울삼아, 한 나라의 가장 근본은 국방이라는 점을 절대 잊지 말고, 정부와 국민들은 정신을 바짝 차리고 국방의 중요성을 새롭게 인식하고, 개선책들을 강구해야 할 것 같다.

연좌제

연좌제란 법에서 범죄인과 친족관계에 있는 자에게 연대책임을 지우는 제도를 말한다.

조선시대에는 반역죄를 범한 자는 친족, 외족, 처족 등 3족을 연루하여 처벌하는 등의 연좌제가 통용되었다 하고, 현대에 와서도 6·25전쟁과 남북분단을 겪으며 사상범, 부역자, 월북인사 등의 친족에게 공무원 채용 등에서 불이익을 주는 연좌제에 준하는 관행이 있었다 한다.

그러나 이런 관행들은 형법상의 자기책임의 원칙에 반할 뿐만 아니라, 헌법에 보장된 개인의 기본권과도 충돌을 빚게 되어 헌법적 요청으로 헌법 제13조 3항에 "모든 국민은 자기의 행위가 아닌 친족의 행위로 인하여 불이익한 처우를 받지 아니한다."라고 연좌제를 인정하지 않도록 규정하고 있다.

사회의 규범이란 그 시대의 상황에 따라 적용될 수밖에 없으므로 조선시대나 6·25전쟁 이후 어느 시기까지는 그 시대의 상황에 맞게 연좌제가 통용되었던 것도 이해가 된다.

하지만, 부모와 자식은 각자의 책임으로 살아가는 개별 인격체인데 부모와 자식이 공모한 죄가 아닌데도 불구하고 부모가 지은 죄를 자식까지 연대하여 처벌하거나 자식이 지은 죄를 부모까지 연대하여 처벌하는 행위는 올바른 일이 아닌 것 같다.

우리나라에서 큰 사회적 파장을 일으킬 수 있는 각종 사건이 있을 때마다 행위자를 처벌하는 것 외에 행위자의 친족까지 표적수사를 하여 처벌하는 것 같아, 법을 전공한 법학자가 아닌 그저 평범한 보통 사람의 눈에 보기에도 전혀 합리적이지 않은 것 같다는 생각이 든다.

우리나라 정치권의 청문회를 보면 청문 대상자 본인에 대한 잘못이거나 부모나 자식의 행위라도 청문대상자가 잘못에 관여된 사건에 한하여 청문대상이 되어야 할 것 같은데, 청문대상자의 부모나 자식의 행위까지 조사하여 망신을 주고 어떤 경우에는 심하면 처벌까지 하는 일은 잘못된 표적수사의 일면으로 보이고 연좌제의 부활 같아 걱정이 된다.

나라마다 관습이 달라 사물을 보는 시각이 조금씩은 다르겠지만 거의 모든 나라가 부정하는 표적수사와 연좌제가 우리나라에서 부활되는 일은 없어야 할 것 같다.

이러한 일이 잘못된 일이라면 이 사회의 발전을 위하여 당사자들이고, 대표적인 지식인들인 검사, 판사, 법학자 분들이 발 벗고 나서야 되는 게 아닌가 싶다.

표적수사

표적수사란 특정한 대상을 미리 정해 놓고 그 대상만을 지나치게 집중적으로 수사하는 일이라 한다.

우리나라 속담에 "털어서 먼지 안 나는 사람 없다."라는 말은 신이 아닌 사람은 누구든 잘못을 전혀 하지 않고 사는 사람은 없다는 뜻일 게다.

막강한 권한이 있는 경찰이나 검찰이 한 사람을 표적으로 삼아 그 사람이 과거에 행해 온 모든 행위들을 집중적으로 조사한다면 전혀 잘못을 한 일도 없고, 조금이라도 죄가 될 만한 일도 저지르지 않은 사람을 찾기란 정말 어려울 것 같다.

수사기관의 실체적 진실 발견보다 더 중요한 것은 개인의 기본적 인권이라 하고, 우리나라 형사소송법에도 "적법한 절차에 따르지 아니하고 수집한 증거는 증거로 할 수 없다."라고 되어 있다.

수사기관의 실체적 진실 발견보다 더 중요한 것은 개인의 기본적 인권이므로 수사의 한계는 국민의 인권을 침해하지 않는 범위

안에서 필요한 최소한도에 그쳐야 한다고 하며, 수사권을 남용하여 정당한 절차에 의해 획득한 자료가 아닌 위법하게 취득한 수사상의 자료는 증거능력을 인정하지 않는다고 한다.

표적수사는 다른 사람들도 그런 잘못을 하는 사람이 많은데도 불구하고 미리 정해 놓고 대상만을 집중적으로 수사한다는 측면에서 공평의 원칙에도 어긋난다 할 수 있겠다.

함정수사(sting operation)란 경찰 등이 피고인이 범죄를 저지르게 유도하는 행위를 말한다고 하는데 마찬가지로 함정수사에 의한 범인체포도 위법한 것이라 한다.

형사소송법 제199조 제1항을 보면 "수사에 관하여는 그 목적을 달성하기 위하여 필요한 조사를 할 수 있다. 다만, 강제처분은 이 법률에 특별한 규정이 있는 경우에 한하며, 필요한 최소한도의 범위 안에서만 하여야 한다."라고 되어 있다.

수사의 상당성이란 수사기관에 의한 수사가 시작될 수 있는 조건을 나타내는 말로서, 수사의 상당성이 없는 사건에 수사기관이라는 막강한 공권력이 개입하는 것은 사인의 자유와 권리에 대한 부당한 침해로 위헌이라고 한다.

단지, 함정수사는 사회방위라는 측면의 순기능이 있기 때문에 마약단속 등의 극히 한정된 분야에서만 법으로 허용하고 있는 것 같다.

하지만 우리 현실에서 보면 정치인들을 대상으로 빈번하게 표적수사가 이루어지고 있는 것 같으며, 이를 미루어 짐작하면 정치인들뿐만이 아니고 일반 국민들에게도 광범위하게 이루어지고 있다고 보아야 할 것 같다.

이와 같이 법을 전혀 공부하지 않은 일반인의 입장에서 조사해 보아도 금방 알 수 있는 위법한 일들을 국가의 권력기관인 경찰이나 검찰이 정치집단들끼리 치고받는데 휩쓸려 당연한 의무를 저버리고 표적수사를 밥 먹듯 하고 있는 건 아닌지 생각해 볼 일 같다.

만약 필자를 비롯하여 대한민국 사람 누구든 역시 사람인지라 자신도 모르게 아니면 욕심에 의해 잘못한 일이 있을 수 있으므로 표적수사를 한다면 모든 죄에서 완전히 자유롭지 않을 것이라는 생각이 든다.

더구나 우리나라를 이끌어왔고 또 이끌어 갈 고위 공직자들만을 수사하여 기소하는 막강한 공수처가 생겼는데, 만약 새로 생긴 공수처에서 표적수사를 밥 먹듯이 한다면 그 나라의 운명은 어찌 될지 상상이 안 될 것 같다.

개혁

개혁은 어떤 제도나 기구 따위를 새롭게 뜯어고치는 것이라 한다.

필자와 같은 보통 사람이 느끼기에 우리나라는 모든 분야에서 법과 제도가 그동안 지속적으로 발전되어 와서 현재의 법과 제도가 나름대로 잘 갖추어져 있다고 생각한다. 일부 개선이 필요하다고 할 분야는 많이 있겠지만, 진정 개혁이라는 용어를 쓸 만큼의 개혁이 필요한 분야는 거의 없을 것 같고, 법이나 제도가 아닌 오히려 우리 국민들의 의식개혁이 훨씬 더 필요할 것 같다는 생각이 든다.

지금 정치인들이 개혁을 하겠다고 들고나오는 것을 보면 순수한 뜻의 개혁이 아니라 오히려 자신들이 유리한 쪽으로 법과 제도를 고치려 하는데 국민들을 현혹시키기 위해 개혁이라는 선전 문구를 들고나오는 것 아닌가 하는 느낌을 강하게 받는다.

정치인들이나 국회의원들이 개혁을 하겠다고 꺼내는 주제들을 보면 현재 잘 되어 있는 법과 제도를 고치려 하는 것 같아 오히려 개혁을 하겠다는 사람들이 개혁 대상이 아닐까 하는 생각까지도 들게 한다.

우리나라가 당면하고 있는 가장 큰 문제는 법과 제도가 아니라 그를 운용하는 사람들에게 있다고 볼 수 있으므로 진정 개혁이 필요한 분야는 우리 국민들의 의식을 개혁하는 일이 더 시급한 것 같다.

우리나라가 다시 도약하는 새로운 사회를 만들기 위해서는 우리 국민들 개개인이 "모두가 내 탓이오"라고 절실히 느끼는 계기를 마련할 수 있도록 1970년대에 있었던 새마을운동과 같은 국민의식 개혁운동이 정말로 꼭 필요한 것 같다는 생각을 들게 한다.

아래의 백범 김구 선생님께서 특히 강조하신 교육의 필요성을 새겨듣고, 우리가 지금 반드시 해야 할 개혁은 조그만 법이나 제도를 고치는 것이 아닌, 국민들의 의식개혁을 위한 교육이야말로 진정한 개혁임을 깨달았으면 좋겠다.

「내 나이 이제 칠십이 넘었으니 몸소 국민교육에 종사할 일이 넉넉지 못하거니와 나는 천하의 교육자와 남녀 학도들이 한 번 크게 마음을 고쳐먹기를 빌지 아니할 수 없다.」

「세계 인류가 모두 우리 민족의 문화를 이렇게 사모하도록 하지 아니하려는가. 나는 우리의 힘으로, 특히 교육의 힘으로 반드시 이 일이 이루어질 것을 믿는다.」

「나는 우리나라의 청년 남녀가 모두 과거의 조그맣고 좁다란

생각을 버리고, 우리 민족의 큰 사명에 눈을 떠서, 제 마음을 닦
고 제 힘을 기르기로 낙을 삼기를 바란다.」

고위공직자범죄수사처(공수처)

논란과 대립의 중심에 서 있던 "고위공직자범죄수사처 설치 및 운영에 관한 법률(약칭: 공수처법)"이 2020년 12월 15일 국회를 통과하여 2021년 1월 1일부로 시행되었다.

집권여당에서는 우리 사회에 꼭 필요한 법이므로 반드시 공수처법을 만들어야겠다는 의지였고, 야당에서는 공수처법은 악법 중의 악법이라 절대 이대로는 통과시킬 수 없다고 필자는 생전 처음으로 들어보는 필리버스터(filibuster)라는 제도로 국회에서 밤새 공수처법 통과의 반대 이유를 설명하는 등 난리법석을 떨었던 것 같다.

공수처법은 고위공직자 및 그 가족의 비리를 중점적으로 수사 및 기소하는 독립기관으로서 검찰이 독점하고 있는 고위공직자에 대한 수사권, 기소권, 공소유지권을 이양해 검찰의 정치 권력화를 막고 독립성을 제고하는 법이다.

또한 정치적 독립성을 확보하여 고위공무원의 부패범죄를 엄중하게 처리할 수 있으며, 고위공직자의 권력형 비리나 수사기관 종사자들이 연루된 사건을 독립적으로 수사한다는 점에서 특별검사제도를 상설화하는 의미가 있다고 한다.

"고위공직자범죄수사처 설치 및 운영에 관한 법률"의 주요 내용은 아래와 같다.

- 고위공직자(제2조)
  □ 행정부 고위 공직자
  - 대통령, 국무총리 등
  - 검찰총장, 검사 등
  □ 입법부 고위 공직자
  - 국회의장, 국회의원 등
  □ 사법부 고위공직자
  - 대법원장, 헌법재판소장 등
  - 판사
- 처장의 자격과 임명(제5조)
  - 고위공직자범죄수사처장후보추천위원회가 2명을 추천하고, 대통령이 그중 1명을 지명한 후 인사청문회를 거쳐 임명함.
  - 처장의 임기는 3년으로 하고 중임할 수 없음.
- 고위공직자범죄수사처장후보추천위원회(제6조)
  - 추천위원회는 위원장 1명을 포함하여 7명의 위원으로 구성함.
  - 국회의장은 다음 각 호의 사람을 위원으로 임명하거나 위촉함.

- 법무부장관, 법원행정처장, 대한변호사협회장
- 대통령 소속 정당의 교섭단체가 추천한 2명
- 대통령이 소속되지 않은 교섭단체가 추천한 2명

■ 수사처검사(제8조)

- 수사처검사는 7년 이상 변호사의 자격이 있는 사람 중에서 인사위원회의 추천을 거쳐 대통령이 임명함.
- 수사처검사는 처장과 차장을 포함하여 25명 이내로 함.
- 수사처검사의 임기는 3년으로 하고, 3회에 한정하여 연임 가능함.

■ 인사위원회(제9조)

- 처장과 차장을 제외한 수사처검사의 임용, 전보 등을 위해 수사처에 인사위원회를 둠.
- 인사위원회는 위원장 1명을 포함한 7명의 위원으로 구성하고, 인사위원회의 위원장은 처장이 됨.
- 인사위원회 위원의 구성
  - 처장, 차장
  - 처장이 위촉한 사람 1명
  - 대통령 소속 정당의 교섭단체가 추천한 2명
  - 대통령이 소속되지 않은 교섭단체가 추천한 2명

■ 정치적 중립 및 직무상 독립(제22조)

- 수사처 소속 공무원은 정치적 중립을 지켜야 하며, 그 직무를 수행함에 있어 외부로부터 어떠한 지시나 간섭을 받지 아니함.

■ 다른 수사기관과의 관계(제24조)

- 수사처의 범죄수사와 중복되는 다른 수사기관의 범죄수사에 대하여 처장이 수사처에서 수사하는 것이 적절하다고 판단하여 이첩을 요청하는 경우 해당 수사기관은 이에 응하여야 함.
- 다른 수사기관이 범죄를 수사하는 과정에서 고위공직자범죄 등을 인지한 경우 그 사실을 즉시 수사처에 통보하여야 함.

아래에는 야당 등이 공수처법의 제정을 반대하였던 이유들을 인터넷 등을 통하여 조사하여 보았다.

■ 다수석을 차지하는 집권여당의 국회의장이 공수처장 후보를 추천하고 대통령이 임명하므로 인사권을 가진 집권여당이 공수처를 장악할 수 있어, 정치적 중립이 불가능하므로 정부와 집권당 고위공직자에게는 방패의 역할을, 야당의 고위공직자에게는 창의 역할을 하게 할 수 있다.

■ 대통령과 집권여당이 사실상의 임명권을 행사하는 처장, 차장을 포함하여 수사처 검사의 수가 25명 이내로 임기 3년인 임명직이어서 검사의 정원 수가 2,292명인 검찰청의 약 1/100 수준 크기의 조직이어서 장악하고 통제하기가 훨씬 용이하다.

■ 고위공직자의 대상에 사법부의 수장들을 비롯한 판사, 검사가 포함되어 있어 사법부를 실질적으로 장악할 수가 있으므로 삼권분립 제도의 근본을 훼손할 수 있다.

■ 경찰과 검찰로부터 모든 고위공직자의 수사권을 이첩받을 수가 있

고, 공수처가 별동대로서 표적수사를 하곤 한다면, 나치 반대세력을 무자비하게 탄압했던 나치 독일의 비밀경찰 "게슈타포"에 버금가는 역사에 큰 오명을 남길 만한 일을 할 가능성이 있다.

필자는 우리나라에서 일어나는 모든 잘못은 법과 제도에 있지 않고 법과 제도를 운용하는 사람들의 자질 문제가 거의 대부분이었다고 생각하므로, 아무리 좋은 제도라 하더라도 운용하는 사람에게 달려 있으니, 자칫하면 공수처가 검찰보다 더 정치 권력화된 기관이 될 수도 있을 것 같다.

기왕에 공수처가 출범되었으니 직무를 수행하게 되는 공수처장과 수사지휘관들은 야당 등이 공수처법의 제정을 극구 반대하였던 이유들이 정말 현실화되지 않도록 진정으로 국가를 위하여 정치적 독립의 의지를 확고히 갖고 양심적으로 직무를 수행하고 명예롭게 퇴임하기를 간절히 바란다.

집권여당은 국민들이 고양이에게 생선을 맡긴 꼴이 되지 않도록 공수처를 집권연장의 도구도 삼지 말아야 할 것이며, 혹여 공수처를 만든 일로 인해 대대손손 역사에 남을 크나큰 불명예스러운 일이 발생하지 않도록 최선을 다하여야 할 것 같다.

혹여, 이러다 삼권분립 제도가 무력화될 수 있도록, 고위공직자범죄법원을 아예 행정부에 따로 만들어야 한다는 제안이 곧 나올지도 모른다는 생각이 들기도 한다.

원자력 발전

　원자력 발전은 핵분열 연쇄반응을 통해서 발생한 에너지를 이용하여 물을 끓여 발생시킨 수증기로 터빈발전기를 돌려 전기를 생산하는 방식이다.

　원자력 발전도 다른 발전 시스템과 마찬가지로 장·단점이 있으며 장·단점을 보면 아래와 같을 것 같다.

● 장점
  □ 다른 발전 시스템에 비해 전력생산 단가가 저렴하다.
  □ 석유나 석탄보다 더 오래 쓸 수 있는 원료(우라늄) 매장량이 있다.
  □ 온실가스 발생량이 적다.
  □ 배출가스로 인한 환경오염물질을 배출하지 않는다.

● 단점
  □ 지진이나 천재지변으로 인해 방사능 유출 등 큰 사고를 유발할

잠재 가능성이 있다.

☐ 원자력 발전 과정에서 핵 연료봉 등 방사성 폐기물이 발생한다.

☐ 초기 건설비가 많이 든다.

☐ 폐열로 인해 주변 생태계가 영향을 받는다.

모든 발전 시스템은 장점과 단점이 있지만 한 국가의 안정적인 전력 생산 및 수급을 위해서는 대부분의 국가들이 각 발전시스템들을 혼합하여 설치하고 있는 것 같다.

원자력 발전 시스템은 단점이 크냐 아니면 장점이 크냐를 단도 직입적으로 묻는다면 선뜻 대답하기가 쉽지 않을 것 같다. 이는 안전성과 경제성 중 어디에 더 관점을 맞추느냐에 따라 달라지기 때문이다.

정부가 전기사업법 제25조에 의해 2020년 12월 28일 확정·공고한 제9차 전력수급기본계획(2020년~2034년)에 의하면 설비계획의 기본방향이 "안정적 전력수급을 전제로 친환경 전원으로의 전환을 가속화하고, 2030년 전환부문 온실가스 배출량 목표 달성방안을 구체화" 하면서 전력설비계획을 세운 것을 찾아보니 아래와 같다.

☐ 원전은 점진적으로 감축

☐ 석탄발전은 과감하게 감축

☐ 재생에너지 확대 가속화

2019년 기준으로 발전량 비중은 석탄(40%), 원자력(26%), LNG (26%), 신재생(6%) 순인데, 2034년 실효용량 기준 LNG(47.3%), 석탄(2.7%), 원전(15.5%), 신재생(8.6%) 순이라 한다.

필자는 정부의 전력수급기본계획의 내용을 보면 설비계획의 기본방향이나 전력설비계획이 이상적으로 잘 된 것 같다는 생각이 드는데, 단지 2034년 구체적인 발전량 비중을 보면 너무 빨리 그리고 과도하게 원자력 발전을 감축하려는 것이 문제인 것 같다.

어쨌든 사회에는 원전 포기가 잘하는 일이니 잘못하는 일이니 말들이 많고 인터넷에서도 양극화로 갈려 서로의 주장을 펴고 있는 점을 보면 정부에서 국민들에 대해 원자력 발전설비의 점진적 감축을 폐지로 잘못 홍보하였고 월성원전 폐지라는 급격한 변화를 들고나와 그리된 것 아닌가 하는 생각이 든다.

사회가 안정되면 경제성보다 안전성에 점점 무게를 두어야 하므로 원자력 발전을 점점 감축하여야 하고, 국제적 온실가스 감축에 동참하려면 공해와 온실가스 발생량이 가장 많은 석탄발전을 과감히 감축하고, 재생에너지의 발전 비율을 늘려야 함은 잘못되었다고 할 수 있는 부분이 없는 것 같다.

문제는 우리나라에 경주지진과 포항지진이 나고 피해규모를 보면 사망자는 한 명도 없고 다친 사람만 몇십 명 정도이며, 그나마 인근에 있는 원자력 발전시설에는 큰 이상이 없었다. 그럼에도 정부와 매스컴은 마치 지진으로 수만 명이나 사망자가 난 것처럼 우리나라도 지진의 안전지역이 아니라고 난리법석을 떨었다. 현대과학이 아무리 발전했어도 우리나라에 향후 어떤 지진이 언제 일어날지 정확히 모르기는 하겠지만, 과거의 역사를 보면 일본과 같이 한 번에 수만 명이 사망할 정도의 큰 강진이 일어났던 기록은 없다. 일본과 같이 근래 큰 강진들이 자주 일어나는 나라도 아님에도 불구하고, 안전에 대한 예민 반응인지 아니면 과다한 국민 선동인지 잘 모르겠다.

그러나 시기적으로 경주, 포항 지진이 일어나고 나서 갑자기 원자력 발전을 감축 또는 폐지하는 것처럼 비치게 되어, 일부 국민들이 보기에는 원자력 발전을 폐지하면 전력생산단가가 올라가 수출제품의 경쟁력 약화로 모든 산업이 피해를 본다고 생각할 것이다. 또한 우리나라가 세계 제일의 원자력 발전 건설기술을 가지고 외화를 벌어들이는 것도 모두 포기해야 하므로 흥분한 게 아닌가 싶다.

필자는 국민들의 마음을 충분히 이해하며, 우리나라의 전력수급기본계획은 잘 되었으나 구체적 일정계획은 반드시 수정을 보아야 한다고 생각되는데 그 이유는 아래와 같다.

□ 우리나라 경주와 포항에서 일어났던 지진의 규모와 비교도 안될 만큼 큰 지진이 빈번히 일어나는 일본도 원자력 발전을 당장 포기하지 않는데, 우리나라가 급속히 감축하는 일은 "구더기 무서워 장을 못 담그는 것"과 다름이 없으니 시간을 두고 점진적으로 감축하여도 아무런 문제가 없을 것 같다.

□ 국제적 온실가스 감축에 동참하려면 석탄 발전의 과감한 감축이 필요하다고 했는데, 2034년까지 원자력 발전을 대부분 LNG 발전으로 대체하고 신재생에너지는 불과 2.8% 증가이므로 LNG 발전은 오염물질의 배출은 비교적 적지만, 온실가스 배출량은 석탄과 비슷하므로 온실가스 감축의 대안이 되지 못할 것 같다.

□ 석탄 발전과 원자력 발전을 빠르게 감축한다면 전력생산 단가가 급격히 상승하여 전력비 상승에 의한 우리나라 수출품의 경쟁력 약화가 충분히 예상되고, 수출부진에 의한 산업생산력이 감소되어 우리 경제가 나빠지고 국민들의 일자리는 점점 더 빠르게 감소할 것 같다.

□ 우리나라가 보유하고 있는 축적된 원전 설치 및 관리 기술자가 국외로 빠져나가 원전산업은 완전히 위축되어 고용감소가 클 것이다.

중국도 온실가스를 감축하는 국제적 공조에 참여하면서 에너지 비용 증가에 따른 자국의 산업을 보호하기 위하여 어쩔 수 없이 원자력 발전을 유지 내지는 증가하려는 정책을 펴고 있음을 본다면, 우리나라는 지형, 기후 등을 고려하면 발전수율이 그리 높지 않은 신재생 에너지로 석탄 발전과 원자력 발전을 대체하기에는 너무 많은 시간이 걸릴 것이다. 결국 원자력 발전의 빠른 감축은 발전단가를 올리는 결과가 될 것이다.

따라서 전력비 상승에 의한 우리나라 경제 위축과 국민들의 일자리 감소의 충격이 크지 않도록 하고, 우리나라가 가지고 있는 세계 최고 수준의 원자력 산업도 보호할 수 있도록 구체적인 원자력 발전 감축 일정을 과감히 조절할 필요가 있다고 생각한다.

원자력 발전에 관한 사회나 인터넷에서의 열전이 결국은 국론 분열로 이어져 민심의 양극화를 더 촉발시키지나 않을까 걱정이 된다.

온실가스

　1992년 교토의정서에 삭감대상으로 꼽힌 온실가스(Greenhouse gases)는 이산화탄소, 메탄, 아산화질소, 수화불화탄소, 과불화탄소, 불화유황 등인데 그중 에너지 원료로 쓰이는 석탄과 석유를 연소시킬 때 발생하는 이산화탄소가 차지하는 비중이 가장 큰 것 같다.

　인간 활동으로 인해 생기는 온실가스로 인하여 지구의 평균 기온이 상승하는 현상을 지구온난화(Global Warming)라고 하며 지구온난화로 인해 해수면 상승, 강수량과 패턴의 변화, 아열대 사막면적의 증가, 극한적 기후변화에 의한 기상이변 등이 생길 수 있다고 한다.

　하지만 일부에서는 지구온난화가 인간이 배출한 온실가스에 의한 인위적 이상 현상이 아니고 태양계의 자연적 현상이며, 과학자들이 연구비를 더 타내기 위해 위험성을 부풀리고 있다고 주장하기도 한다.

세계는 유엔 기후변화협약(UNFCC)을 중심으로 온실가스 감축에 의한 국제적 공조로 지구온난화를 방지하고자 온실가스 다량 배출국에 대해 강제적 감축의무를 지우는 구속력 있는 합의를 이끌어내고자 노력해 오고 있다.

미국과 중국은 자국의 산업을 보호하기 위하여, 온실가스를 효율적으로 감축하기 위해 배출권거래제도 등의 구체적 이행제도를 도입하기 위해 만들어진 국가 간 온실가스 감축이행협약인 교토의정서 가입에 미온적이었다고 한다.

하지만 세계 온실가스 배출량의 40%를 배출하고 있는 미국과 중국은 국제 사회의 압박을 견디지 못하고, 이제는 구체적 온실가스 감축 목표를 제시하면서 유엔 기후변화협약에 어쩔 수 없이 참여하게 된 것 같다.

우리나라의 산업구조나 자동차 보유 대수 등을 감안하면 에너지 다소비 국가로서 온실가스를 많이 배출하고 있고, 우리나라의 산업보호를 고려하면 감축이행도 그리 쉽지만은 않은 일인 것 같다.

따라서 우리나라도 산업의 보호를 위하여 국제적 공조에 발을 맞추어 온실가스 감축 이행에 동참은 하되, 선제적으로 앞장서서 나설 필요는 없다는 생각이 든다.

청년 일자리

청년은 신체적으로나 정신적으로 한창 힘이 넘치는 때에 있는 사람으로 통계청은 만 15~29세까지의 남녀를 청년으로 보고 있다.

청년실업률은 15~29세에 해당하는 청년층의 실업을 뜻하는 용어로 이 연령층의 실업자 수를 경제활동 인구수로 나누어 산출한다고 한다.

한국경제연구원에 따르면 2009년부터 2019년까지 10년간 OECD 청년 대졸자 평균 실업률이 6.1%에서 5.3%로 0.8%p 개선된 반면, 같은 기간 한국의 평균 청년 대졸자 실업률은 5%에서 5.7%로 상승하였다고 한다.

통계청이 발표한 고용동향에 따르면 정부에서는 수많은 청년 일자리 지원정책을 펴면서 많은 예산을 투입하고 있는데도 불구하고, 코로나로 인하여 대부분의 일자리가 줄어들고 있는 뜻하지 않게 생긴 외부 변수를 감안하더라도 청년실업률이 개선되는

보통 사람이 본 대한민국

않고 오히려 악화되고 있다고 한다.

정부의 청년 일자리 창출을 위한 지원정책 중에 국민취업지원제도, 청년내일채움공제, 청년추가채용장려금, 대중교통비 월 5만 원씩 지원 등의 정부예산을 직접적 지원하는 개인 지원이나 청년 고용회사의 지원은 근본적인 대책이 아닌 일시적인 대책일 것 같다.

정부의 예산을 투입한 직접적 현금 지원에 의한 청년 일자리 확대 정책은 딱 그 지원액만큼의 실업률 감소효과만 있을 것 같다는 생각이 든다.

우리나라 청년들의 교육 수준은 OECD 국가 중 최고라 하므로 우리나라 청년들은 좋은 일자리만 있으면 어디서든 어떤 일이든 충분히 할 능력을 갖춘 젊은이들이므로 양질의 일자리가 없기 때문에 청년 실업률이 높은 것 같다.

따라서 청년 일자리 창출로 청년 실업률을 줄일 수 있는 근본적인 대책은 우리나라의 각종 산업을 활성화시켜 국가의 경제 규모를 키우면 모든 연령층의 일자리가 늘어나고 당연히 청년들의 일자리도 늘 수밖에 없을 것 같다.

자유 시장 경제 국가에서 오직 청년들의 일자리만을 늘려가는 방법이 있다고는 생각되지 않으며, 역으로 국가의 산업이 발달하여 경제규모가 늘어나는데도 청년들의 일자리만 감소시키는 방법도 없다고 생각된다.

우리가 너무 나무에 집중하면 숲이 잘 안 보이듯이 청년 실업률 감소의 시급함에 너무 집중하면 근본적 해결책이 잘 안 보여 대부분의 해결책이 근시안적이 될 수밖에 없음을 느끼고, 국가의 산업을 활성화시켜 청년 실업률을 낮추는 근본적인 대책에 집중하였으면 한다.

산업을 활성화시켜 고용을 늘리려면 우리나라는 수출주도형 국가이므로 수출하는 제품의 제조 원가를 다른 나라보다 낮추어 수출경쟁력을 높여야 할 것 같다.

제품의 제조 원가를 낮추는 방법은 제품에 들어가는 재료나 부품의 원가, 제품을 만드는 필요한 에너지 및 환경 비용, 제품을 만드는 데 소요되는 인건비, 혁신적인 제조기술 등이 있으므로 이런 항목들의 비용을 낮추는 일이 될 것이다.

하지만 우리나라의 현실은 최저 임금의 급격한 상승, 주 52시간 근무제, 노사 간의 극심한 대립에 의한 생산성을 초과하는 임금인상, 한·일 양국 갈등에 의한 무역의 감소, 원자력발전의 중단에 의한 에너지 비용의 증가, 온실가스 감축을 위한 선제적인 대응 등에 의한 부대비용의 증가 등으로 대부분 제품의 제조원가가 많이 상승할 수밖에 없는 여건에 놓여 있는 것 같다.

국가의 산업을 활성화시키는 데는 여러 가지 좋은 정책이 있을 수 있지만, 사업자들이 열심히 부를 창출할 수 있도록 국가에서는 정책적으로 지원하고 기업인들이 열심히 사업을 할 수 있도록 사회적 분위기를 조성하는 일도 매우 중요한 부분이 될 것 같다.

우리가 아무리 조심해서 자동차를 운전하여도 사고율을 줄일 수는 있지만 사고를 아예 없앨 수는 없듯이 산업이 있는 한 사고는 있을 수밖에 없고, 아무리 사고 관련자를 엄하게 처벌하여도 그 나라의 산업을 모두 없애지 않는 한 사고는 나게 마련이다.

대부분의 회사에서 대표이사의 업무가 작업자를 직접 관리할 수 있는 구조가 아닌데도 회사에서 사고가 났을 시 대표이사를 엄하게 처벌한다면, 대표이사가 회사를 운영하는 일보다 안전사고를 지키는 일에 주력하여야 할 것이므로 기업인이 위축되어 사업을 열심히 할 수 없을 것 같다는 생각이 든다.

아무리 좋은 정책이라도 너무 급하게 시행하지 말고 시장이 적응할 수 있도록 시간을 갖고 추진하여 우리나라 제품들의 수출 경쟁력이 갑자기 저하되어 산업이 위축되는 일이 없도록 완급을 조절할 필요가 있다.

기업인들이 위축되지 않고 사업을 열심히 하도록 사기를 북돋 워 주는 게 산업의 활성화에 의한 고용증가로 청년 일자리를 늘리는 근본적인 대책일 거라는 생각이 든다.

예비타당성 조사

예비타당성 조사는 줄여서 "예타"라고 불리어 왔으며, IMF 외환위기로 인해 경제가 침체되면서, 재정과 공공부문의 효율성 및 투명성 제고의 필요성이 제기되어 만들어진 제도다.

국가재정법 제38조에 의해 총사업비가 500억 원 이상이고 국가의 재정지원 규모가 300억 원 이상인 신규 사업으로 법이 정하는 건설사업 등은 예산을 편성하기 위하여 미리 예비타당성 조사를 실시하고, 그 결과를 요약하여 국회에 제출하도록 되어 있다.

예타는 정부의 재정이 투입되는 공공투자사업의 효율성 및 투명성 제고를 위해 비용-편익분석(Cost-Benefit Analysis) 등을 통하여 경제성 등을 사전에 검토하여, 사업 추진여부를 결정하는 주요 기준이 되어 왔고, 예타에서 사업성이 미흡한 것으로 결론이 나면 사업 추진이 어렵다고 한다.

예타의 평가항목으로는 건설 사업의 경우 경제성, 정책성, 지역균형발전성 등이 평가 항목에 포함되어 해당 사업에 대해 종합적으로 사업추진의 타당성을 검토할 수 있는 좋은 방법인 것 같다.

이런 좋은 제도를 과거의 정부들에서 예타를 면제하고 4대강 사업, 무안의 F1 경주장, 지방공항 등을 건설하였는데, 예를 들면 4대강 사업은 국민들의 귀에 딱지가 앉을 정도로 회자되었고, 무안의 F1 경주장은 누적 적자로 지자체가 골치를 앓고 있다고 한다.

모든 제도는 장점과 단점이 있어 단점보다 장점이 크다면 채택이 되어야 하는 기준이 될 것이므로 어떤 사업이 경제성은 조금 떨어져도 국가의 경기부양이 더 시급한 일이 있다면 추진할 수도 있다고 보인다.

지금 정부에서도 많은 대형 국책사업들을 경기부양을 위해 예타 없이 추진한다고 하나, 그동안 정치권에서 각종 선거에 대비해 국민들의 표를 의식하는 사업이라도 예타로 인해 무분별하게 추진하지 못하였는데 이러다 선거 대비 사업들이 무분별하게 추진될 수 있겠다는 우려가 생긴다.

투자비가 많이 들어가는 사업일수록 예타를 실시해 경제성을 검토하여 경제성 순으로 사업의 우선순위를 정하여 추진하되 특별한 사정으로 경제성보다 더 중요한 가치가 있을 경우 추진을 하면 될 터인데, 예타를 아예 면제해 경제성이 설사 아주 없더라도 지역민들의 집단이기주의를 이용하여 정권들이 자신들에게 유리한 국면을 만들고자 하는 일이라면 국가의 대계를 위해 추진해서는 안 될 것 같다.

심의위원 제도

우리나라는 자문위원회, 심의위원회, 징계위원회 등 정말 많은 위원회가 정부 조직마다, 정부조직의 각 부처마다 존재하는 것 같다.

필자도 기술직으로서 심의위원으로 초청되어 심의위원회에 여러 번 참여한 적이 있었고, 여러 경로를 통하여 보고 느꼈던 경험이 있다.

심의위원회의 주제에 따라 살펴보면 순수 정책결정이나 자문을 위한 심의위원회에서는 진지하게 자문위원회의에서 토의를 거쳐 자문결과를 만드는 사례도 있지만, 대부분은 그 부서에서 이미 결론은 정해 놓고 자문회의는 의례적 절차로 여는 경우가 많은 것 같았다.

하지만 사업자를 선정한다거나, 그 심의위원회의 결정사항이 특정 기업과 이해관계가 있다거나 한 심의위원회라도 심의위원회를 주관하는 부서장의 성향에 따라 정말 공정하게 심의하는 일도 더러는 있다. 그러나 대부분은 이미 정해진 결론을 심의위원회를 통하여 절차적으로 정당화시키려는 사례가 훨씬 많아, 아무리 심의위원회가 많아도 공정은 허울뿐이며 그 일을 집행하는 사람의 문제라는 것을 느끼게 되었다.

이런 면에서는 공기업이나 대기업에 의무적으로 갖추어야 하는 사외이사제도도 마찬가지라고 보는데 고액 연봉을 받는 사외이사들 대부분이 전직 고위직 공무원, 정치인, 교수 등 퇴직자들의 전관예우 차원에서 초빙하여, 기관이나 회사의 중요 업무를 결정하고 감시하는 역할보다 대외적으로 역풍을 막아주고 로비스트 역할을 하게 하는 일이 많은 것 같아 역시 우리 사회는 제도보다 사람이 중요함을 느낀다.

그런 점들에 비추어 우리나라에서 문제점으로 대두되는 대부분의 문제들이 법이나 제도의 문제가 아니고 그 법이나 제도를 운용하는 사람들의 인격과 자질에 의해 결정되므로 모든 개혁이라는 것들도 대부분은 사람의 문제이기 때문에 개혁이 왜 필요한지 의문스러운 것들이 많은 것 같다.

우리나라는 공정하게 결정할 사항이 있는 곳마다, 각종 자문위원회나 심의위원회가 있어 위원회를 통해 공정하게 했다는 것을 대외적으로 보여주기 위한 하나의 수단으로 보여 각종 위원회들은 허울에 불과한 것들이 대부분인 것 같다.

우리나라도 선진 외국과 같이 대부분의 허울뿐인 각종 심의위원회들이 모두 없어지고, 공직자들이 공정한 업무처리로 국민들에게 신뢰가 쌓여, 해당 사안에 대하여 가장 많이 알고 있는 담당 부서의 책임 아래 대부분의 정책이 결정되어 추진될 수 있는 신용사회가 빨리 정착되었으면 하는 바람이다.

보통 사람이 본 대한민국

가덕도 신공항

　핌피현상(PIMFY: Please In My Front Yard)은 "우리 집 앞마당으로 지어주세요"라는 뜻으로 자신들의 지역에 설치하면 지역 발전에 도움이 되는 대학교, 관공서, 공항, KTX 역사 등의 시설은 반드시 자기 지역에 설치되어야 한다고 주장하는 것으로 님비현상과는 대조되는 현상이라 하겠다.

　대학교, 관공서, 공항, KTX 역사 등의 시설이 자기 지역에 설치되면 주민복지, 재정수입의 증가를 가져와 지역 경제의 활성화에 도움이 되므로 다른 지역에 설치하는 게 경제성 등의 종합적 판단 결과에서 우위에 있더라도 집단이기주의가 일어나 반드시 자기 지역에 유치해야 한다고 주장하는 것이다.

　지금 정치권에서는 동남권 신공항 설치지역을 대상으로 지역이기주의를 의도적으로 조장하여 국가의 이익은 외면한 채 양대 정치 집단들이 서로 자신들의 이득을 보고자 핌피(PIMFY)현상을 막아야 할 주체들이 오히려 주민들을 부추겨 핌피현상을 이용하려 하고 있는 것 같다는 생각이 든다.

동남권 신공항 설치안을 확정하기 위해 밀양, 가덕도(I, II), 김해공항 확장 등 4개의 설치방안을 두고 사전타당성 검토 용역을 맡은 프랑스의 한 엔지니어링 업체의 사전타당성 검토 결과에서, 가덕도의 경우 활주로 2개를 설치하는 안이 4개 시나리오에서 최하위를 차지했고, 활주로 1개를 설치하는 안은 시나리오 B에서만 2위를 차지했을 뿐, 나머지는 4위에 그쳤고, 4개 시나리오 모두 김해공항 확장 방안이 가장 높은 점수를 차지했다고 한다.

가덕도는 비용이나 위험성 측면에서 자연적으로 공항 입지가 아니며 설치비용도 김해공항 확장보다 3조 원 이상 더 들어 김해공항 확장이 최적의 대안이라고 발표했다는 보도를 본 적이 있다.

하지만, 정치권에서 용역결과에 관계없이 동남권 신공항을 가덕도에 설치하는 방법으로 추진하려 한다는데 많은 국민들은 부산시장 선거를 앞두고 정치권에서 부산 사람들 표를 의식한 조치라고 하는데 필자도 충분히 수긍이 가는 주장이란 생각이 든다.

지금도 정치권에서 지역이기주의를 조장해서 지역 간의 갈등으로 우리나라가 국론이 양분되어 심각한 추락의 위기를 겪고 있는데, 아직도 국가의 이익보다 집단의 이익이 더 중요하므로 지역이기주의를 의도적으로 부추기면서 뻔뻔스럽게 이득을 보려 하는 일은 아닌가 심히 걱정스럽다.

이런 일들로 지역 간 갈등이 더욱 촉발되어 향후 우리나라에 얼마나 더 큰 불행이 일어나야만 정치집단들이 집단지역 이기주의를 의도적으로 조장하는 걸 멈추게 될지 걱정이 너무 크다.

　국민들도 앞으로는 정치인들이 자신들의 지역을 위해 해주겠다는 예산이 국민의 세금인 점을 인식하고, 이런 정책들이 결국에는 나라를 파멸로 몰고 가는 지역이기주의를 부추기는 일이라는 점을 알고 올바른 주권행사를 해야 것 같다.

위안부 할머니

위안부는 제2차 세계대전 동안 일본군의 기만에 의해 강제적으로 징용되거나 인신 매매범, 매춘업자 등에게 납치, 매수 등 다양한 방법으로 징발되어, 일본군을 대상으로 성적인 행위를 강요받은 여성을 말한다고 한다.

일본군은 우리나라, 중국 등 자신들의 점령국 여성들을 대부분 강제적으로 징발하여 여성의 최고 가치인 성을 유린했기 때문에 위안부로 고통을 겪으셨던 우리나라 할머니들의 육체적, 정신적으로 말로 표현하기 어려울 정도의 고통을 받으셨을 것이다.

위안부 할머니들을 지원한다는 단체는 위안부 할머니를 위한 후원금으로 한 기업으로부터 10억 원을 지원받는 등 엄청난 돈을 모금하여 모금액 중 위안부 할머니들을 위해 사용한 돈은 쥐꼬리만 하다고 하며, 모금액에 대한 투명한 회계처리를 하지 않아 후원자들의 성의를 배신하고도 모자라 대부분의 모금액이 단체의 운영비나 단체 대표의 사적 비용으로 유용되었다는 등의 사유로 검찰로부터 기소를 당한 상태라고 한다.

그 단체의 전 대표는 그런 점 등이 높이 평가되어서인지 우리나라 최고 권력자들 중의 하나인 국회의원을 하고 있다 보니, 많은 국민들이 위안부를 위한 지원 목적은 허울일 뿐이고 실제는 자신들의 명예와 권력욕을 채우기 위한 단체였던 것으로 의심하고 있는 것 같다.

전 정권들과 현 정권은 일본군 위안부 피해자 할머니들의 고생을 누구보다 잘 알고 그분들의 대부분이 연세가 많아 돌아가셨고, 생존해계시는 몇몇 분들도 생존해 계실 날이 많지 않음을 알 텐데, 그분들에게 무엇을 해 드렸나 묻지 않을 수 없다.

전 정권들과 현 정권은 위안부 할머니들의 고생을 진심으로 알고 있어 도움을 드려야겠다는 생각이 들었다면, 그 할머니들이 살아계실 동안 사시면서 편안히 생활하실 수 있도록 주거비와 생활비를 지원하더라도 국가예산에 비하면 그 돈의 액수가 너무나 미미하다. 우리 국민들이 시비할 사람이 거의 없을 텐데도 왜 국가에서는 그분들의 지원을 외면하면서 일본만 잡고 늘어지고 있으면서 말로만 위하는 척하는 이중인격처럼 보여지는지 정말로 이해가 안 간다.

만일 사회단체나 정권들이나 매사에 군중심리를 이용하여 어려운 분들을 위한다는 허울만을 내세워 권력욕 등 자신들의 이익만을 채우려 한다면 우리나라 국민들은 언제까지 국가나 사회단체들을 믿고 따라야 할지 심히 걱정스럽다.

직장생활을 하면서 매월 10만 원 이상을 중동난민을 위한 후원금 등으로 기부를 해왔던 적이 있는 필자도 이 사건을 계기로 기부금이 제대로 쓰였을까 하는 의구심이 생기는데, 위안부 할머니들을 위한 후원금을 모금한 단체로 인해 우리 사회의 기부 문화에 얼마나 큰 악영향을 미쳤을지 죄의식들이 전혀 없어 보여, 우리 사회의 도덕 불감증을 새삼 느낄 수밖에 없고 국가의 장래가 새삼 걱정되지 않을 수 없다.

한편, 우리나라와 같이 일본이 위안부 할머니들을 징발해 간 중국인을 포함하여 북한, 필리핀, 태국, 베트남, 말레이시아, 인도네시아 등의 나라들도 우리나라와 동일하게 대처하고 있는지도 궁금하다.

일본을 가장 싫어했던 백범 김구 선생님의 말씀을 우리가 새겨듣고, 우리는 세상을 보는 소견이 좁디좁은 소인국이 되지 말고, 인의, 자비, 사랑이 가득한 대한민국이 되었으면 하는 바람이다.

「인류가 현재 불행한 근본 이유는 인의가 부족하고 자비가 부족하고 사랑이 부족한 때문이다.」

「우리의 적이 우리를 누르고 있을 때에는 미워하고 분해하는 살벌, 투쟁의 정신을 길렀었거니와 적은 이미 물러갔으니 우리는 증오와 투쟁을 버리고 화합의 건설을 일삼을 때다.」

독도

독도는 분명 우리나라 땅이다. 독도는 울릉도와 가까워 예로 부터 울릉도민들이 고기잡이 중 피난처로 사용하기도 하고, 나 물을 채취하기도 했었을 것이며, 현재 실질적으로 지배하고 있는 울릉도에 부속된 섬이라고 본다.

독도는 대부분이 암초로 되어 있고 그나마 주변 해역의 파도 가 강하며 토지의 면적도 적어 예전에는 사람이 살 수 없는 그냥 암초이다.

하지만 우리나라와 일본은 자국에 유리한 증거들을 들어 서로 자국의 땅이라고 주장하며 세계 어디에나 있음 직한 이웃 나라 간의 분쟁을 일으키고 있다.

그 이유 중에는 역사적으로 자기네 땅이라고 주장하는 목소리 가 가장 큰 것 같다.

우리나라는 세종실록지리지를 내세우며 "독도는 우리 땅"이라 는 노래까지 만들어 국민들이 애창하고 있을 정도로 역사적으로 우리 땅임을 주장하고 있고, 일본은 독도를 역사적으로 시마네현의 일부인 다케시마(竹島)라고 영유권 주장을 하고 있다.

독도는 그 면적이 너무 좁아 옛날에는 사람들이 상주하여 살 수 없는 그냥 암초이기 때문에 이름은 누군가가 지어주었다면 있을 수 있지만 역사는 있을 수가 없는 땅일 것이다.

만약에 사람이 살 수 없었던 암초에게도 역사가 있다면 세계의 각 국가들 사이에 있는 그 많은 암초들의 역사를 찾아 나라별로 소유권을 인정해 주는 게 얼마나 복잡한 일이 될 것이며 정말 말이 안 된다고 금방 느낄 것이지만, 모르긴 몰라도 아마 한·일 양국의 국민들 거의 99%가 독도만큼은 역사적으로 서로 자기네 땅이라고 생각하고 있는 것 같으니 얼마나 아이러니컬한 이야기인가. 이런 게 바로 한·일 양국의 매스컴으로부터 장기간 반복적으로 자기들 땅이라고 노출된 양국 국민들이 자신들도 모르는 사이에 그렇게 받아들이도록 세뇌가 되어 생긴 것이 아닌가 생각된다.

역사가 그런 논리라면 사람이 살 수 없는 저 달도 세계 각국이 역사책을 찾아 가장 빠르게 기재된 역사책이 있는 나라의 영토로 해야 할 테니 정말로 희한한 일이 생길 수도 있을 것 같다.

이제 한·일 양국은 암초일 뿐인 독도를 역사를 내세우면서 국민들을 선동하여 자신들의 정치집단에 유리한 효과를 보려 함으로써 양국 국민들의 감정을 악화시켜 서로에게 손해가 되는 것을 멈추고, 현재 우리나라를 비롯한 양국의 정치인이든 연예인이

든 누구든 나서서 독도는 역사적으로 자기네 땅이라 외치며, 양국 국민들의 감정을 건드려 양국의 국익에 해가 되는 행위를 하지 말았으면 하는 생각이 든다.

이웃 나라

우리나라와 국경을 맞대고 있는 이웃 나라는 중국, 러시아, 일본이 될 것 같다.

우리는 친구와 싸우면서 어린 시절을 보냈고 그걸 추억 삼아 지금도 잘 지내듯이, 우리나라도 이웃하는 나라인 중국, 러시아, 일본 등과 잘 지내면서 서로 발전하는 동아시아의 인접국이 되었으면 좋겠다.

세계의 역사를 보면 이웃 나라 간에 전쟁으로 서로 영토를 뺏고 뺏기고 한 것은 자주 있었던 것 같다.

이는 우리 개인이 생전 만나지 못하는 사람과는 싸울 기회조차 없지만 함께 이웃하여 지내는 이웃이나 친구와 자주 아귀다툼이 생겨 싸우는 건 어쩔 수 없듯이 비슷한 현상이 아니겠나 싶다.

우리가 시골에서 살아보니 한 동네에 사는 부모 세대들이 서로 싸우며 관계가 안 좋았다고 해서 후대의 자식들도 원수처럼 싸우고 사는 친구들을 볼 수가 없었다.

우리나라의 법에도 "모든 국민은 자기의 행위가 아닌 친족의 행위로 인하여 불이익한 처우를 받지 아니한다."라고 연좌제를 부인하고 있다.

우리나라가 35년간 일본의 지배를 받으면서 우리 아버지, 할아버지 세대들이 얼마나 고통을 당했을지는 누구나 아는 사실이고, 이 고통은 위안부 할머니들을 통해 더욱 잘 알고 있다.

하지만 생존해 계시는 위안부 할머니 몇 분과 강제 징용 또는 강제 부역한 할아버지, 할머니들 이제 몇 분 살아계시지 않고 시간적으로도 이미 반세기가 훌쩍 넘는 세월이 지나갔다.

우리나라는 1965년 한·일 청구권으로 협정은 일본으로부터 3억 달러의 무상 자금과 2억 달러의 차관을 지원받았다는데, 필자가 생각해도 현재의 기준으로 보면 턱없이 부족한 금액을 받은 것 같긴 하지만, 이미 포괄적으로 합의하고 받은 걸 지금에 와서 원망하면 무슨 소용이 있을까 싶다.

사실 필자는 그 분야의 전문가가 아니라 한·일 청구권의 보상 범위가 어디까지이고, 그 보상을 받은 당시의 선택이 옳았는지는 잘 모르지만, 이웃 나라 간에 지나간 일을 가지고 계속 다툼을 일으켜 양국 국민들에게 상처를 주고 경제적 손실을 보는 것은 옳지 못한 처사인 것 같다는 생각이 든다.

이런 일이 일어나는 것이 정치권들에서 그런 문제들을 자꾸 부추겨 서로 자신들이 훨씬 더 국가를 위하는 정당이라는 것을 국민들에게 각인시켜 정치적 이득을 보자는 이벤트성 정책의 하나가 아닌가 하는 생각까지 든다.

하지만 그런 일들로 인해 양국의 갈등으로 양국의 국민들이 받을 상처와 경제적 손실로 나라의 경제적 손실과 국민들의 일자리 손실이 얼마나 클지를 생각한다면 이제라도 정치권에서 그런 일에 나서지 말아야 한다는 생각이 든다.

과거에 사업하는 친구들 중에는 사업자금이 부족하여 친구나 친지들에게 돈을 빌리거나 담보를 빌린 후, 사업이 망하기 직전에 돈을 빌린 사람들을 불러 솔직히 자신의 처지를 말하고 일부 빌린 돈을 나누어 주면서 나머지 부분의 빚을 탕감받은 사례들이 꽤 있었다.

세월이 흘러 그 피해를 준 친구가 사업을 일으켜 잘 되자 나머지 빚을 받기 위해 빚을 탕감해 준 친구에게 소송을 제기하는 바를 본 바가 없으니, 우리나라도 이제는 일본을 용서하고 가까운 이웃 국가로 관계개선을 하였으면 좋겠다는 생각이 든다.

우리나라는 과거에 중국으로부터 많은 문물을 들여와 발전하였고, 우리나라는 다시 많은 문물을 일본으로 보내준 서로가 이웃한 형제 국가나 다름없는데 언제까지 과거사를 갖고 일본의 수상이 바뀔 때마다 사과를 요구하며 지낼 것인가 걱정스럽다.

하지만 당시에 피해를 보았던 생존해 계신 우리나라의 어르신들 입장에서는 설사 70년이 지났어도 직접 당사자들이므로 어떤 요구를 해도 그건 정당하다고 본다.

일본에 피해를 보았던 어르신들은 연세가 많아 오래 사시지는 못하실 것 같은데 진정 그분들의 고생을 이해하고 도와주려 한다면, 일본에서 받아내지도 말고, 그분들을 이용하려는 사회단체에 방기하지도 말고, 국가가 나서서 그분들이 돌아가실 때까지 잘 모시는 게 우리가 할 도리라고 생각한다.

시중에 떠도는 말처럼 정치권이 국민감정을 자극하여 정치적으로 이익을 보기 위한 수단이 분명 아닐 것이라고 믿으면서도 마음이 개운하지 못한 건 왜일까 하는 생각이 든다.

과거는 과거대로 두어 더 후대들이 판단하도록 하고, 이제는 일본과 서로 좋은 이웃 국가로 함께 발전할 수 있는 계기를 마련하였으면 좋겠다.

일본을 가장 싫어했던 백범 김구 선생님의 말씀을 새겨듣고, 우리나라도 이제 다른 사람들을 원망만 하는 문화에서 탈피하여, 관용하고 포용할 줄 아는 문화로 빨리 성숙해졌으면 좋겠다.

「우리의 적이 우리를 누르고 있을 때에는 미워하고 분해하는 살벌, 투쟁의 정신을 길렀었거니와 적은 이미 물러갔으니 우리는 증오와 투쟁을 버리고 화합의 건설을 일삼을 때다.」

언행일치

우리는 늘 말과 그에 따른 행동이 같도록 언행일치를 실천하려 하지만 잘못하는 일이 생겨 언행일치가 그리 쉽지 않은 것을 깨닫는다.

우리는 말만 앞세우고 실천하지 못 하는 일들이 너무 많은 것 같으며 특히, 친구들한테 받아 읽는 카톡의 좋은 글들을 다 실천한다면, 우리나라 사람들은 모두 성인이 되어 있어서 극단적인 정치적 양극화로 국론이 분열되는 사태도 생기지 않을 것 같다.

우리 사회에서 말은 제대로 하는데도 불구하고 행동은 반대로 하고 있는 행위라고 생각되는 사례들을 아래에 적어 보았다.

□ 국민들을 위해 법과 정책을 만든다면서 실제로는 자신들의 집권 또는 집권연장을 위한 법과 정책을 만드는 행위

□ 정치인과 정치집단들이 스스로 한 약속을 저버리는 행위

□ 연좌제는 자기책임의 원칙에 반하므로 폐지해야 한다면서 문제

가 생기면 부모, 자식의 문제까지 꺼내 드는 연좌제를 부활하는
행위

☐ 표적수사는 안 된다면서 정치권에 인심을 잃거나, 어떤 사고를
내거나 한 사람들과 정치인들 스스로 표적수사를 하는 행위

☐ 관리·감독기관에 가서는 도덕적 해이를 질타하면서 정작 본인이
심한 도덕적 해이를 저지르는 행위

☐ 역사를 거울삼아 과거의 잘못을 되풀이하지 않기 위해 역사를
배운다면서도 우리나라가 사색당파에 의한 국론의 분열로 국방
을 소홀히 하여 일본에게 침략을 당한 역사에 대한 반성은 없이,
80년 이상이 지난 지금도 일본만을 원망하며 국방을 소홀히 하
고 있어, 역사를 중요시하는 국가의 정책에 반하는 행위

제2장

사회 분야

방종

자유(freedom)란 사전적 의미는 "남에게 구속을 받거나 무엇에 얽매이지 않고 자기 뜻에 따라 행동하는 것"이라 하며, 법률적으로는 "법률의 범위 안에서 자기 마음대로 할 수 있는 행위"라 한다.

모든 국민은 신체의 자유, 거주·이전의 자유, 직업선택의 자유, 주거의 자유, 사생활 비밀의 자유, 양심의 자유, 종교의 자유, 언론·출판의 자유, 집회·결사의 자유, 학문과 예술의 자유를 가진다고 헌법으로 보장하고 있다.

자유는 법, 규정, 관습 등 사회적 약속을 지키면서 다른 사람이 가지는 권리를 침해하지 않는 선에서 자신이 하고 싶은 일을 자유롭게 하는 것이다.

반면에 방종(self-indulgence)은 법, 규정, 관습 등 사회적 약속을 지키지도 않고, 다른 사람이 가지는 권리를 침해하면서 자신만을 위하여 제멋대로 함부로 행동하는 것이 될 것 같다.

아무리 헌법에 보장된 권리라 하여도 법, 규정, 관습 등 사회적 약속을 지키면서 다른 사람이 가지는 권리를 침해하지 않으면서 자신의 자유를 누릴 권리가 있는 것 같다.

우리 사회에서 민주주의를 등지고 일어나는 무분별한 집단이기주의, 악성 댓글, 도덕 불감증, 도덕적 해이 등이 모두 방종에 해당된다고 할 수 있겠다.

고대 그리스 변론가 이소크라테스는 민주주의는 자유와 평등에 대한 권리를 남용하므로 자멸한다고 말하였다는데, 자유를 빙자하여 남은 무시하고 나의 이익만을 추구하려는 방종이 이 사회를 점령한다면 어찌 그런 사회가 건전히 발전할 수 있겠는가 하는 의구심이 든다.

정치인들과 국민들이 한 점의 자유라도 억압될 수 없다고 하면서 그리 어렵사리 지고의 가치라는 민주주의를 성취해 놓고, 자신들이 스스로 방종에 빠져 그로 인한 폐해로 민주주의가 다시 후퇴할 수밖에 없다고 한다면 그 혼란을 누가 책임질지 참 걱정이다.

우리나라 모든 국민들은 아래의 백범 김구 선생님의 말씀을 새겨듣고, 「무조건의 자유는 없다」, 「제 가족을, 제 이웃을, 제 국민을 잘살게 하기에 쓰이는 자유다」라는 것을 알았으면 좋겠다.

「자유란 무엇인가, 절대로 각 개인이 제멋대로 사는 것을 자유라 하면, 이것은 나라가 생기기 전이나 저 레닌의 말 모양으로 나라가 소멸된 뒤에나 있을 일이다. 국가 생활을 하는 인류에게는 이러한 무조건의 자유는 없다.」

「최고의 문화로 인류의 모범이 되기를 사명으로 삼는 우리 민족의 각원은 이기적 개인주의여서는 안 된다. 우리는 개인의 자유를 극도로 주장하되 그것은 저 짐승들과 같이 저마다 제 배를 채우기에 쓰는 자유가 아니요. 제 가족을, 제 이웃을, 제 국민을 잘 살게 하기에 쓰이는 자유다. 공원의 꽃을 꺾는 자유가 아니라 공원의 꽃을 심는 자유다.」

마녀사냥

마녀사냥(witch-hunt)은 유럽에서 15세기부터 18세기에 걸쳐 기독교를 절대화하고 권력과 기득권을 유지하기 위해 무고한 사람을 마녀로 몰아세워 화형을 시키는 행위였다고 한다.

어둔 밤 외진 산이나 들판에 악마와 내통하는 자들이 모여 사회를 위험에 빠뜨리려는 음모를 꾸미며, 이들은 빗자루나 동물의 등을 타고 날아와 밤새 춤을 추며 잔치를 벌인 후 집에 돌아갈 때는 악마로부터 기름을 받는데, 그 기름은 아이들의 살로 만든 것이라고 한다.

현대인이 생각하면 허무맹랑한 말이지만 수백 년 전 유럽인들은 이런 터무니없는 주장을 철석같이 믿고, 원인 모를 나쁜 일이 일어나면 마녀의 저주 때문이라고 생각하였다.

어떤 경우는 무고한 이웃집 여인을 마녀로 몰아 재판에 회부하여 온갖 고문으로 자백을 얻어낸 뒤 사형에 처하고 전 재산을 몰수하기도 했으며, 유럽에서 마녀재판으로 최소 3만여 명이 목숨을 잃었다고 한다.

현대는 사회적으로 많은 사람들을 자극할 수 있는 예민한 문제들이 발생했을 때 그 진위나 사정을 확인도 하지 않고 외부적으로 나타난 문제만을 내세워, 매스컴, 인터넷 댓글 등을 이용하여 절대 다수가 합세하여 특정 개인이나, 기업을 무차별 공격하거나 치명적인 피해를 입히는 행위를 현대판 마녀사냥이라고 한다.

현대는 매스컴과 인터넷의 발달로 이런 마녀사냥이 매일같이 수없이 많은 장소에서 일어나고 있어, 지금도 어느 곳에서는 어떤 식으로든 마녀사냥이 일어나고 있다고 생각된다.

특히 다수의 누리꾼들이 인터넷, SNS 공간을 통하여 특정 개인을 공격해 매장해 버리는 현상이 하도 많으니, 인터넷(internet)과 근거 없이 반대편을 매도하고 억압하는 행위라는 매카시즘(McCarthyism)의 합성어인 넷카시즘(NetCarthyism)이라는 신조어까지 만들어낼 정도인 것 같다.

이런 일을 하고 있는 사람들은 아무 죄의식 없이 재미로 할 수 있지만 옛 속담에 "무심코 던진 돌에 개구리는 맞아 죽는다."라는 말이 있듯이 거기에 희생되는 기업들은 회생불능으로 파산을 할 수도 있고, 개인은 죽음으로까지 몰고 갈 수 있으므로 해서는 절대로 안 되는 일이며, 이는 우리 사회의 도덕 불감증으로 이어진다 하겠다.

실제로 이러한 피해를 본 상당수의 기업이 있고, 최진실, 설리,

구하라 등의 연예인과 최숙현, 고유민 등의 체육인들이 피해자라고 하며, 그 외에도 수많은 연예인들과 유명인들이 죽거나 치명적인 피해를 보았으며, 유명인이 아닌, 알려지지 않은 일반인들까지 합치면 그 피해도 이루 말할 수 없이 클 것 같다.

마녀사냥은 절대 다수가 매스컴이나 인터넷 등을 이용하여 진위가 확인되지 않은 허위사실을 공개적으로 퍼뜨려 특정한 대상을 곧바로 파멸의 궁지로 몰아넣는 행위이므로 인민재판이나 여론재판이라는 말로까지 사용되는 것 같다.

딸이 집에 왔다가 하는 말이 제 아들을 말 안 듣는다고 혼을 낸 적이 있었는데 아들은 제 엄마를 놀려주려고 제 방구석에 숨어 있었다고 한다. 아들을 찾으려고 이름을 불러도 대답이 없어, 얼마 전에 아이를 추운 날씨에 대문 밖에 쫓아냈다고 자녀학대라는 방송을 본 일이 생각나 이 아이가 밖에 나가 떨고 있는 건 아닌가 하고 매우 놀란 적이 있었다고 했다.

그런 말을 들으니 문득 그 사건이 떠오르면서 그 방송을 보고 그 부모가 진정으로 자녀를 학대한 게 아니고, 아이의 훈육 차원에서 잠깐 밖으로 쫓아낸 것일 수도 있는데, 수사가 끝나고 죄가 확정된 상태라면 모르겠지만, 혹여 다수가 마녀사냥식으로 공격하는 일일 수도 있겠다는 생각이 들어, 우리 사회가 정말 무섭구나 하고 느낀 적이 있었다.

만약에 그 일이 자녀학대가 아니고 실제는 아이의 훈육 차원에서 잠깐 밖으로 쫓아낸 것이었다고 가정한다면, 온 매스컴에 방영된 하나의 사건이 됐을 텐데 부모들이 대응하면서 얼마나 큰 고통을 받을 것인가? 혹여 사실은 그렇지 않은데도 잘못 대응하여 자녀학대로 판결받는 일이 생긴다면, 그 부모는 죽고 싶은 심정 밖에는 없을 것 같고, 설사 무죄로 판결이 나도 주변 사람들의 눈총을 어찌 감내할 수 있을 텐가 하는 걱정이 되었다.

마녀사냥이 어떤 결과를 빚어왔는지 수많은 경험을 통해 충분한 교훈을 얻었으므로 마녀사냥이 돌고 돌아 다시 우리의 목을 겨눌 수도 있다는 생각을 갖고, 죄로 확정되지 않은 진위를 모르는 일을 무작정 퍼뜨리는 행위는 다른 사람을 몰락의 구렁텅이로 밀쳐 넣는 매우 큰 죄임을 인식해야 한다.

또한 우리 사회가 매스컴, 인터넷, SNS 등의 분야에서 다른 사람들이 한다고 따라 하는 군중심리에 의해 익명성을 전제로 다른 사람을 무차별 공격하고 있는 부도덕한 일을 멈추고 도덕성을 회복하여 배려심을 갖고, 이웃을 사랑하는 마음이 가득한 사회가 되었으면 좋겠다는 생각이 간절하다.

네이버, 다음, 줌 등의 포털사이트 뉴스 댓글까지 합하면 하루에 80만 개가 넘는 댓글이 달리며 그중 악성 댓글은 60만 개 이상인 것으로 추정된다 하니, 지금 이 시간에도 무척 많은 사람들이 악성 댓글에 의한 마녀사냥에 시달리고 있을 것 같다는 생각이 든다.

우리나라 모든 네티즌들은 아래의 백범 김구 선생님의 말씀을 새겨듣고, 자유란 남을 해하는 자유가 아니라, 「제 가족을, 제 이웃을, 제 국민을 잘살게 하기에 쓰이는 자유다.」라는 것을 알았으면 좋겠다.

「최고의 문화로 인류의 모범이 되기를 사명으로 삼는 우리 민족의 각원은 이기적 개인주의여서는 안 된다. 우리는 개인의 자유를 극도로 주장하되 그것은 저 짐승들과 같이 저마다 제 배를 채우기에 쓰는 자유가 아니요. 제 가족을, 제 이웃을, 제 국민을 잘살게 하기에 쓰이는 자유다. 공원의 꽃을 꺾는 자유가 아니라 공원의 꽃을 심는 자유다.」

악성 댓글

인터넷 게시판 등의 의견란에 원문에 대하여 자신의 의견 등을 짤막하게 올리는 글을 댓글이라 하는데, 이 댓글이 안 좋은 글이나, 욕 또는 비방하는 글을 다는 것을 악성 댓글(악플)이라 하고, 이런 악플을 다는 사람을 악플러라고 한다.

댓글을 통하여 어떤 이슈든 각자 자신의 의견을 솔직히 피력하면서 좋은 일은 배우고 나쁜 일은 서로 반성하는 국민들 간의 활발한 소통의 장이 마련될 수 있다면 댓글이 긍정적인 효과를 낸다고 할 수 있을 것이다.

사회적 쟁점이 되어 네티즌의 관심을 끄는 경우를 보면 수많은 댓글이 홍수를 이루어 여론의 장이 펼쳐지면서 그런 댓글을 보는 사람들은 자신도 모르게 군중심리에 빠져, 자신도 비슷한 의견으로 동화되어 댓글을 다는 사람들이 점점 증가되어 여론이 형성되는 것 같다.

이런 여론이 잘 형성된다면 진실과 정의에 접근하는 좋은 수단이 될 수 있겠지만, 군중심리에 의해 편을 가르는 싸움의 장이 되다면 오히려 국론분열을 촉발시킬 수도 있겠다는 생각이 든다.

네티즌들이 익명성을 악용하여 논리적이기보다는 감정적인 인신공격을 행함으로써 상대방에게 모욕감과 치욕감을 주어 사람에 따라서는 자신의 목숨을 버리게 하는 일까지 벌어지고 있다.

근래에 악성 댓글로 인한 피해 현황을 보면 이언, 최진실, 설리 등의 배우와 유니, 구하라 등의 가수, 최숙현, 고유민 등 체육인들 죽음의 원인이 네티즌들의 악플로 심리적 고통을 받다가 스스로 목숨을 끊었다고 한다.

이는 죽음이라는 극단적인 선택으로 매스컴에 보도된 사례일 뿐이고, 그 외 악성 댓글로 극단적 선택을 했던 곽진영 외에도 고통을 호소하고 있다고 보도되는 연예인이 많다. 매스컴에 주목받지 못하는 일반인들까지 합친다면 그 피해사례는 헤아릴 수 없이 많을 것이다.

악성 댓글이 이와 같이 무고한 생명들을 앗아가고 있는데도 그저 바라만 보고 있다면 스스로 죄를 짓는 일이므로 적극적 해결을 위한 노력과 조속히 필요한 조치가 이루어져야 할 것 같다는 생각이 든다.

댓글 제도의 긍정적인 측면도 있지만 지금은 부정적인 측면이 비교할 수 없이 훨씬 더 크다고 느껴지므로 각 인터넷 사이트의 댓글 폐쇄가 가장 바람직해 보인다.

댓글 폐쇄가 도저히 불가능하다면 많은 국민들이 의견을 내고 있는 인터넷 실명제의 도입과 함께 사이버 모욕죄의 '친고죄'나 '반의사 불벌죄' 조항의 폐지라도 있어야 할 것 같다.

포털 사이트 네이버 데이터랩에 따르면 네이버 뉴스에만 하루 평균 50만 개의 댓글이 달리고, 네이버를 제외한 다음, 줌 등의 포털 사이트 뉴스 댓글까지 합하면 하루에 80만 개가 넘는 댓글이 달리고 있는 것으로 추정된다고 한다.

인터넷 댓글 중 악성댓글 비율이 거의 80%에 달해 하루에 60만 개 이상의 악성댓글이 달린다고 하니, 이는 암세포와 같이 우리나라를 조금씩 허물어가고 있어 사회적으로 용인할 수준이 넘은 상태인 것으로 생각된다.

몰라서 못 하는 것과 아는데도 안 하는 것은 큰 차이가 있을 수밖에 없는데 언제까지 우리가 이 문제에 대해 계속 손을 놓고 있을 수는 없으니 조속한 조치가 필요해 보인다.

정치권에서 판단하기에 악성 댓글에 대한 조치가 선거에 도움이 된다면 금방이라도 개선책을 내어놓겠지만, 그리 판단하지는 않을 것 같아 개선책이 나오기란 쉽지 않을 것 같다.

유튜브(YouTube)

　유튜브(YouTube)는 구글에서 운영하는 세계 최대의 동영상 공유 플랫폼(platform)으로 당신(You)과 브라운관(Tube, 텔레비전)이라는 단어의 합성어라고 한다.

　유튜브는 매월 20억 명 정도의 사용자가 하루 수십억 건의 영상을 조회하고, 일일 시청시간은 10억 시간이 넘으며, 컴퓨터, 휴대전화, 태블릿 등으로 유튜브를 시청하고 있으며, 시청자의 70% 이상이 휴대기기를 사용하여 유튜브를 본다고 한다.

　과거의 영상은 공중파나 케이블을 비롯한 특정 범위로 국한되어 있어 콘텐츠에 한계가 있었지만, 유튜브는 다양한 콘텐츠가 계속해서 생산되고 있기 때문에 전 세계 누구나 필요한 동영상을 손쉽게 무료로 시청할 수 있고, 전 세계인 누구나 유튜브 계정을 만들고 방송을 하면서 수익을 창출할 수도 있어, 이용자들의 수가 날이 갈수록 증가하여 높은 인기를 얻고 있다고 한다.

　유튜브는 플랫폼 운영자와 콘텐츠 생산자가 상생하는 구조이며, 국경을 초월해 다른 사람들과 소통하면서 도움을 줄 수도 받을 수도 있고, 개인들에게 기회를 제공하여 개인의 브랜드 가치를 높일 수도 있다고 한다.

하지만, 유튜브를 통해 인기를 얻고자 하는 콘텐츠 생산자들이 진위가 확인되지 않은 사실에 기초한 콘텐츠를 만들어 올리거나, 선정적이고 자극적인 영상을 올려도 걸러낼 수 있는 필터 기능이 매우 부족하다는 단점이 있는 것 같다.

특히, 우리 사회에서는 검증되지 않은 사실을 바탕으로 만든 유튜브 뉴스를 본 시청자들이 그런 뉴스를 사실로 믿게 될 수 있어 사회에 큰 피해를 줄 수 있는 문제점을 안고 있는 것 같다.

유튜브 뉴스 생산자들이 사실에 입각한 뉴스만을 제작하여 올려야만 유튜브 뉴스가 우리 사회에서 정당한 언론으로서 대접을 받을 거란 생각이 든다.

님비(NIMBY)

님비는 "내 뒷마당에서는 안 된다"는 "Not In My Backyard"라는 뜻의 영어에서 각 단어의 앞 글자로 만든 말이다.

하수처리장, 축산분뇨처리장, 쓰레기소각장, 쓰레기매립장 등 어느 지역이든 반드시 설치되어야 하는 사회필수시설인 혐오시설을 자기들이 사는 지역에는 설치하지 말라고 반대하는 일을 말한다.

지역갈등의 한 양상으로써, 지역의 이익을 배타적으로 추구하는 집단화되는 현상을 가리키는 용어로 공공의 이익보다 자기 지역의 이익만을 챙기는 현상을 말하는데 주민들의 지나친 이기심과 정치와 행정에 대한 불신에서 온다고 한다.

우리나라에서는 혐오시설 설치 반대운동이 가장 극렬하게 일어났던 거의 최초의 사례가 인천에 설치된 수도권 쓰레기 매립장의 설치 반대운동이었던 것 같다.

수도권 쓰레기 매립장은 당시 규모의 크기나 위생처리기술의 적용면에서 세계적으로 내세울 만한 모범적인 위생매립장이었고 지금도 세계 각국에서 견학을 오고 있다고 한다.

서울의 난지도 쓰레기 매립장이 포화되어 서울을 비롯한 수도권 지역에서 발생되는 쓰레기를 매립하여야 하는데, 어디든 매립장 설치가 시급한 상황에서 엄청난 쓰레기를 매립하여야 하므로 필요한 면적이 방대하여야 해서 다른 지역에서는 찾아볼 수 없는 최고의 적지라고 생각되었다.

하지만 매립장 부지 인근 지역주민들이 "수도권매립지주민대책위원회"를 만들어 조직적으로 심한 반대를 했었는데 그와 같은 대규모 쓰레기 매립장이 지역에 들어오면 청소차량들의 왕래에 따른 악취, 먼지 등이 심하고, 매립과정에서 지하수 오염, 침출폐수로 인한 방류해역의 오염, 악취, 먼지, 소음, 파리 발생 등 많은 불편함을 감수하여야 하므로 어느 지역에 설치하든 그 지역 주민들의 반대가 심했을 것은 당연하다 하겠다.

수도권 매립지는 지역 주민들의 요구들을 받아들여 시설 설치 및 운영과정에서 환경오염을 줄이고 주민들의 불편을 해소하기 위하여 많은 개선책들이 시행되었고, 혐오시설 설치로 피해를 보는 주민들을 위한 지원도 많이 있어 긍정적인 효과를 가져왔다고 생각된다.

하지만 그 이후 국가, 지방자치단체, 또는 민간이 설치하려는 혐오시설에 대한 지역주민들의 반대가 조직화되고 강성이 되어, 어느 지역이든 반드시 설치되어야 하는 사회필수시설인 혐오시설의 설치에 큰 곤란을 겪고 있고, 심지어는 다른 지역과 비교하여 최적지임에도 지역주민의 극렬한 반대로 설치지역을 바꾸어야 하는 경우도 생기는 것 같다.

혐오시설의 설치반대는 자연스러운 현상이긴 하나, 다른 지역보다 경제성, 환경성 등의 측면에서 최적지로 판명이 되면 지역주민들도 사회의 이익을 감안하여 지나친 집단지역이기주의에서 벗어나 양보하여야 할 것 같다.

2000년도 초·중반에 우리나라는 발생 쓰레기를 모두 매립하기에는 님비현상 등으로 매립장의 부지 확보도 어렵고 하여 생활 쓰레기를 비롯한 폐기물들을 소각으로 감량하여 소각재만 매립하여야 할 필요성이 대두되어 전국 지방자치단체에서 폐기물 소각장을 설치하려 했었다.

하지만 폐기물을 소각하는 과정에서 나오는 부산물 중에 다이옥신(dioxine)이란 환경오염물질은 화학적으로 안정되어 있어 분해되거나 자연적으로 사라지지도 않으며 인체에 매우 독성이 큰 물질이어서 소각장을 자기 지역에 설치하지 못하도록 극렬히 반대하는 운동이 일어나고 있었다.

그때 미국 시내 주택가의 한가운데에 설치되어 운영 중인 폐기물 매립장을 견학할 기회가 있어 그곳 주민들은 다이옥신 문제로 폐기물 소각장을 건설하고 운영하는 과정에서 어떠하였냐고 문의했더니 주민 등의 큰 반대운동 없이 설치하고 운영 중이라 하였다.

지금은 인간이 만든 물질 중에서 가장 독성이 높은 것 중의 하나라는 다이옥신 문제도 별로 거론되지 않는 이유가 설치과정에서 시설개선이 많이 되었던 게 크지만, 일부 요인은 당시 학자들이 지나치게 다이옥신 문제를 확대하여 주민들을 부추겼던 탓이 아닌가도 생각된다.

방송인의 말투

언젠가 이발소에 가서 이발을 하는데 이발소 주인이 TV의 종 편방송을 켜 놓았다. 그 프로그램의 아나운서가 다른 사람을 비판하는데 말투가 몸에 소름이 돋도록 단호하고 살벌하였다.

또한 논조도 흡사 자신은 인간이 아니고 인간 위에 군림하는 신처럼 한 대상자를 두고 마치 신이 들린 듯 단정적이며 인신공격성의 비난을 했다. 견디기가 어려워 주인에게 다른 방송을 보면 안 되겠냐고 부탁을 하여 다른 방송으로 돌린 적이 있다.

그런 장면을 보고 우리 사회에서는 정치인, 검찰 이런 사람들이 제일 무서운 줄 알았는데 언론인들이 더 무섭구나 하는 생각이 들었다. 우리 사회에서 일어나는 일들을 사실대로 전달하고, 잘못된 일은 비판하는 게 언론의 역할이긴 하지만, 아나운서가 마치 사람 위에 군림하는 사람처럼 단정적이며 듣기에 소름이 돋을 정도의 말투로 다른 사람을 비판하는 건 아닌 것 같다는 생각이 들었다.

요즘 사회가 양극화로 분열되어 대한민국에서 일어나는 일들은 비판의 대상이 아닌 일이 없을 정도로 방송이든 국민들이든 서로 편 가르기를 한 채 편향된 보도를 한다고 국민들은 아우성인데 언론사들은 정작 모르는지 아니면 모르는 척하는 것인지 잘 모르겠다.

　방송인들은 사실을 있는 그대로 전달은 하되, 시청자들을 배려하여 시청자들이 무서움을 느낄 정도의 살벌한 말투보다는 부드러운 말투를 사용하였으면 좋겠다는 생각이 든다.

집값

  우리나라에서는 요즈음 부동산 가격의 급격한 상승으로 젊은 이들과 서민들이 내 집을 마련하는 데 20년이 걸린다든가 하며 난리인 것 같다.

  필자는 경제를 공부한 적이 없는 문외한이기는 하지만 필자의 생각으로는 지금의 부동산 가격상승이 너무 급격하여, 그로 인한 다른 경제에 급작스럽게 미치는 영향이 큰 문제이긴 하지만, 집값 상승이 우리 사회에 미칠 영향이 반드시 부정적이지만은 않은 것 같다는 생각이 든다.

  자유 시장 경제에서 모든 재화의 가격 형성은 어떤 외부요인에 의해 일시적인 혼란은 있을 수 있겠지만 근본적으로는 공급량과 수요량에 따를 수밖에 없다고 보인다.

  현재의 집값 상승이 수요공급의 원리인지 어떤 외부요인에 의한 일시적인 혼란인지는 잘 모르겠으나, 장기적으로 보면 집값이 비싸게 유지되는 한 누군가는 계속 집을 지어 공급할 테고, 우리나라의 출생률 저하로 인구는 계속 감소할 테니 1인 가구가 늘어나 집의 수요가 증가하는 것을 고려하여도 결국에는 수요보다 공급이 넘치게 될 것이다.

아프리카의 저개발 국가들처럼 나라에 돈이 없어서 지을 사람도, 지어놓아도 살 사람이 없으면 문제겠지만, 다행히 우리나라는 현재까지 경제사정이 좋아 집을 얼마든지 지을 자금이 있고, 괜찮은 자리에 집만 지어놓으면 돈 있는 사람들이 집을 사러 몰려들 테니 집을 살 사람 걱정을 안 해도 될 것 같다.

우리나라 경제가 현재와 같이 좋을 때 계속 집을 지으면 언젠가는 집의 공급이 수요를 크게 추월하여 수요공급의 원리로 집값이 하락하게 될 테니, 나중에 나라 경제가 좀 어려워도 이미 지어 놓은 집들 때문에 우리 후손들이 집 걱정을 안 해도 될 테고 괜찮을 거란 생각이 든다.

단지 그 시기가 정확히 언제쯤 올 것이냐 하는 문제는 경제학자들이 풀어 볼 문제인 것 같다.

그래서 필자는 정부나 국민들이 집값 상승에 너무 조급해하지 말고 건설회사들이 돈을 벌기 위해 계속 집을 짓는 데 방해만 하지 않고 도와주면서 기다린다면 머지않아 집값이 잡힐 거란 생각이 든다.

우리나라는 자유 시장 경제를 택하고 있는 나라이므로 가능한 국가에서 개입하지 않고 시장경제에 맡겨 기업들이 열심히 사업을 하도록 분위기만 만들어 주는 게 더 좋은 방법일 것 같다는 생각이 든다.

나의 여행담

    일본에 여행과 출장으로 몇 번 가 본 적이 있는데 일본 사람들에게 감명 깊게 느낀 것은 "공중도덕을 잘 지킨다, 친절하다, 남에게 조금이라도 폐를 끼치지 않는다, 배려심이 많다"라는 점이었다.

    공중도덕을 잘 지킴은 특히 도로에서 느낀 점으로 무단횡단을 거의 하지 않으며, 정체지역에서 모든 차들이 줄을 서서 기다리지 무단 끼어들기 하는 얌체 운전자를 본적이 없었고, 차량 경적을 울리는 것조차도 거의 본 적이 없는 것 같다.

    친절한 점은 길을 묻거나 하면 모든 사람들이 친절히 잘 가르쳐 주는 것은 물론이고, 필자가 말이 어눌한 외국인임을 알고 자신도 잘 모른다면서 여기저기 돌아다니며 다른 사람들에게 물어서 다시 와 알려 주는 사람도 있어서, 그때는 차라리 그냥 가면 필자가 직접 다른 사람한테 묻는 게 더 나을 텐데 하고 느낀 적조차 있었다.

남에게 조금이라도 폐를 끼치지 않으려 하는 점은 지하철을 타면 대부분이 책을 보거나 하는데 그냥 있는 사람도 오직 앞만 바라보며 옆에 있는 다른 사람들에게 곁눈질조차 하지 않으며, 식당 등에 가면 아이들이 시끄럽게 굴지도 않았다. 단 저녁에 일본의 술집에 가 보니 그곳의 분위기는 한국과 같이 옆에 손님이 있어도 시끌벅적하긴 하였다.

배려심이 있는 점은 필자도 한국인인지라 성질이 급하여 서두르게 되었는데 서두르는 것을 본 일본인이 자신의 순서가 먼저인데도 손짓으로 먼저 하라고 양보하였다.

일본의 읍 정도 크기의 마을에서 뒷골목을 우연히 들어갔더니 도시와 달리 뒷골목에는 쓰레기는 아예 찾아보기 힘들고, 어느 골목이든 빗자루로 잘 쓸려 있을 뿐만 아니라 자기 집에 지저분한 물건이 외부에서 보이지 않도록 집안도 잘 정돈되어 있었다.

이런 일본사람들의 행동거지를 보고 정말 일본은 우리나라보다 훨씬 선진국이라 말할 수 있겠단 생각이 들었으며, 우리나라도 언제 이런 선진국이 될까 하고 부럽기도 하였고, 한편 이런 사람들이 왜 우리나라를 침략하여 우리 국민들에게 그리 큰 고통을 주었을까 하고 이해가 안 되었다.

가이드를 동반한 여행을 했을 때 가이드에게 일본사람들의 좋은 습관들이 어디에서 왔다고 생각하느냐 물었더니, 그분의 대답은 일본 사람들은 아이들이 남에게 폐를 끼치지 않고 공중도덕을 잘 지키도록 하게 하기 위하여, 자녀들이 어릴 적부터 귀에 딱지가 앉을 정도로 "미안합니다, 고맙습니다. 실례합니다." 이 세 가지를 교육시키기 때문일 거라는 이야기를 듣고 크게 감명을 받았었다.

그 이야기를 들으며 필자도 자녀들 교육을 일본의 부모들처럼 제대로 시키지 못하여 사회에 폐를 끼치지는 않을까 걱정이 되었다.

일본이 과거에 우리나라에 씻지 못할 죄를 지었다 하더라도 그들이 잘하는 공중도덕 지키기, 친절, 배려심 등 본받을 점은 본받아 우리도 선진 국민의 대접을 받는 나라가 되었으면 좋겠다.

요즘 아파트의 층간 소음으로 아래 위층에 사는 이웃들과 충돌이 잦은데 이런 일도 배려심이 필요한 일이 아닐까 생각해 본다.

일본은 최근 동일본대지진으로 한번에 2만 명이 넘는 사람들이 희생되었다. 또한 우리나라는 제주도의 한라산이 막아주는 탓인지 큰 태풍은 대부분 일본으로 상륙하여 큰 피해를 주는 일이 빈번한 것을 보고, 과거 일본이 우리나라 같은 안정된 국토가 필요해 욕심을 부린 게 아닌가 하는 생각을 해 보았다. 하지만 그런 걸로 우리나라를 침략하여 식민지 기간 동안 괴롭힌 죄를 용서할 수 없음은 물론이다.

하지만 우리가 부족한 점은 배우고, 우리나라 사람들이 더 많이 가진 정(情)과 같은 좋은 문화는 지키는 지혜가 필요한 것 같다는 생각이 들었다.

필자가 캐나다에 출장을 갔을 때 겪었던 일이다.

우리 일행은 겨울에 캐나다 알버타주 에드먼턴의 한 시골 마을에 1박 2일로 캐나다 공무원의 안내를 받아 시설견학을 하고 미국으로 건너가기로 되어 있었다.

우리 비행기가 애드먼턴 공항에 밤 11시쯤 도착했는데 안내하기로 한 캐나다의 공무원이 공항으로 마중을 나와 그 늦은 시간에도 영어로 된 시설견학지의 현황을 한글로 번역한 팸플릿(Pamphlet)을 만들어 와 우리에게 일일이 설명을 해주었다.

그리고 우리가 시설지에 도착하여 견학을 마치고 다시 공항으로 와 미국으로 출발하는 비행기 시간에 맞추어야 했는데, 다음 날 새벽에 눈 예보로 도로상황이 불투명했기 때문에 새벽 6시에는 출발을 해야 하니 6시에 호텔로 데리러 오겠다고 했다.

우리는 다음날 새벽 그 공무원의 차량으로 왕복 6시간 정도 걸리는 시설지 견학을 무사히 마치고 미국으로 출발하려 애드먼턴 공항에 도착했다. 그 공무원은 마침 비행기 출발시간에 1시간 정도 여유가 있으니 캐나다의 기업인을 한번 만나보면 어떻겠느냐고 우리 일행에게 부탁을 하였다.

우리가 만난 캐나다의 기업인은 캐나다에서 우리 일행과 동일한 업종의 일을 하는 기업인이었으며 우리 일행에게 자신들의 기술을 홍보하기 위함이었다.

우리 일행은 캐나다에서 미국행 비행기를 타고 가면서 그 공무원이 근무시간이 끝났을 그 늦은 시간에 우리들을 마중을 나와 다음날 새벽 6시까지 우리를 데리러 오려면 몇 시간 잠을 자지 못할 텐데 영어를 한국어로 번역한 시설견학지의 현황을 일일이 설명해주는 게 고마웠다.

또한 우리의 시간을 일부러 남겨서 자신들 국가의 기업인을 위해 홍보의 기회를 만들어 주는 그것이 바로 애국심이 아닌가 하고 우리가 본받을 사람이라며 칭찬을 아끼지 않았었다.

우리나라의 공무원뿐만 아니라 국민들 모두가 캐나다에서 만난 공무원처럼 나라를 사랑하는 마음을 가졌으면 좋겠다는 생각을 해보았다.

아래는 우리가 실천하여야 할 백범 김구 선생님의 말씀이 아닌가 싶다.

「남의 나라의 좋은 것을 취하고 내 나라의 좋은 것을 골라서 우리나라의 독특한 좋은 제도를 만드는 것도 세계의 문운(文運)에 보태는 일이다.」

도덕 불감증

　도덕(Moral)이란 "인간이 지켜야 할 도리나 바람직한 행동 규범"
이라 하며 불감증은 "감각이 둔하거나 익숙해져서 별다른 느낌
을 갖지 못하게 되는 일"이라 한다.

　법은 "질서를 유지하고 사회가 유지되기 위해 정의를 실현함을
목적으로 하는 국가의 강제력을 수반하는 사회적 규범 또는 관
습"이라고 하므로 법과 도덕은 강제력을 수반하느냐 아니냐의 차
이가 있을 뿐 법에 정해진 일도 국민(인간)이 지켜야 할 도리나 행
동규범에 속하므로 넓게는 위법사항에 대한 불감증도 도덕 불감
증과 동일한 사회악으로 포함하여야 할 것 같다.

　도덕이나 위법사항에 대한 불감증이란 "인간 또는 국민이 지켜
야 할 도리나 바람직한 행동 규범이나 사회적 규범을 지키지 않
는 행동에 대하여 감각이 둔하거나 익숙해져서 별다른 느낌을
갖지 못하게 되는 일"이라 할 것 같다.

　우리 인간은 자신의 행위에 대해 어떤 행위가 잘못된 행위인지

를 대부분 판단할 수 있으며, 문제는 잘못을 하고도 거기에 익숙해져 양심의 가책을 받지 않아 뉘우침이 없이 반복적으로 그런 잘못을 계속 한다는 데 심각성이 있다 하겠다.

우리 인간은 처음으로 잘못을 할 때는 누구나 양심의 가책을 갖는데 그 일이 반복되어 가면서 점점 양심의 가책을 받는 수준이 약해지다가 결국에는 양심의 가책을 받지 않고 스스럼없이 반복하게 되므로 도덕 불감증을 바꾸어 말하면 양심 불감증이 될 것 같다는 생각이 든다.

어떤 잘못이 도덕 불감증으로 진행하는 일은 거짓말로 잘 설명할 수 있으며, 처음으로 부모나 친구에게 거짓말을 하면 누구나 양심의 가책을 받지만 동일한 일에 대해 반복적으로 거짓말을 하다 보면 양심의 가책도 없이 천연덕스럽게 거짓말을 하게 되는 것 같다.

인간이 사는 세상에서 도덕적 불감증이 전혀 없는 사회는 없을 것이나, 현재 우리나라는 국민들의 도덕적 불감증이 과거보다 심각한데 점점 더 심해지니 문제인 것이다.

우리 사회의 잘못된 행위가 반복적으로 저질러져도 양심의 가책을 받지 않게 되는 비도덕적인 일과 위법사항들은 너무나 많아 다 기술할 수는 없겠지만, 쓰레기를 투기하는 일, 교통질서를 지키지 않는 일 등의 경범죄 사항들과 도덕적 해이(Moral hazard), 누리꾼들의 악성 댓글, 바가지요금, 뇌물, 권력과 권한을 이용한 이권 개입 등 그 종류를 모두 열거할 수가 없이 많다.

필자가 보기에 예전이나 지금이나 사람은 동일한 한국인인데 도덕 불감증은 점점 더 심해지고 있음은 사람들이 집단이기주의에 휩쓸리면서 집단행동으로 국가나 사회의 이익을 고려하지 않고 집단의 이익을 위해 잘못된 행동이 집단의 행동에 가리게 되면서 더욱더 양심의 가책을 받지 않게 되는 것 아닌가 하는 생각마저 든다.

우리나라의 발전과 성장을 가로막는 가장 큰 장애 중의 하나가 도덕 불감증이라 여겨지며, 도덕 불감증이 점점 커져간다면 그 사회는 가만히 내버려두어도 서로 간에 반목 등으로 인한 부작용으로 스스로 무너질 것 같아, 제발 그런 불상사가 일어나지 않을 것이며 필자만의 기우이길 바란다.

도덕적 해이

   도덕적 해이(moral hazard)란 법과 제도적 허점을 이용하여 자기 책임을 소홀히 하거나, 권한과 지위에 상응하는 책임을 제대로 지지 않는 경우 등이라 한다.

   이 용어는 원래 경제학에서 나왔고, 한쪽이 상대를 완벽하게 감시할 수 없는 정보의 비대칭성이 존재할 경우, 정보를 지닌 쪽이 정보를 지니지 못한 쪽에게 손해되는 행동을 하는 현상을 바로 도덕적 해이(moral hazard)라고 한다.

   정보의 비대칭성이 존재할 경우 도덕적으로 해야 할 행위를 회피하는 것으로 우리 사회의 경제 분야에서 도덕적 해이 현상을 예로 든다면 아래와 같은 사례들이 있으나, 우리 사회의 구성원들이 지금과 같이 도덕적 불감증에 빠져 있는 한 아래 사례들 외에도 여러 분야에서 수도 없이 많은 도덕적 해이가 있을 것 같다.

   □ 화재보험, 건강보험, 실비보험, 생명보험 등 자신이 부주의하여

일어나거나 의도적으로 일으킨 일에 대해 보험청구
□ 공기업의 과다한 급여, 종업원의 복리 후생비 등에 의한 방만한
  경영
□ 병원에서 과다진료 등에 의한 의료비 청구
□ 건강보험적용으로 인한 과다한 병원 진료와 물리치료
□ 자동차 수리 시 과다 수리와 과다한 수리비 청구
□ 자동차 사고와 산재 환자들의 과다한 기간의 입원
□ 자신의 거주 지역에 설치하는 각종 시설 설치자에게 불합리한
  금품 요구

도덕적 해이는 우리의 정치와 사회 분야에서도 많이 일어나고
있는 것 같다.

□ 국회의원, 장관 등 정치인들의 권한을 이용한 이권 개입
□ 공직자들의 자신의 업무상 정보를 이용한 이권 개입
□ 국회의원, 지방의회 의원 등 공직자들의 외유성 여행
□ 노조의 권한을 이용한 경영 참여 및 자녀들 취직
□ 자신의 지역에 들어서려는 혐오시설에 대한 설치 반대

위에 열거한 것 외에도 우리 사회의 도덕적 해이와 도덕 불감
증 사례를 다 쓴다면 책으로도 한 권 이상이 될 것 같다.
사회가 존재하는 한 도덕적 해이현상을 완전히 막을 수는 없겠

보통 사람이 본 대한민국

지만 지금의 우리 사회와 같이 경제 분야는 물론이려니와 정치와 사회 분야에서도 수많은 도덕적 해이현상이 심화되고 있어서 문제인 것이다.

모든 도덕적 해이는 그 원인이 개인적인 이기주의에서 오는 현상이므로 처벌만이 능사가 아니고, 정치권과 매스컴이 함께 나서서 다른 사람을 배려하면서 자신의 정당한 이익을 추구하는 개인이기주의를 개선하기 위한 국민의식개혁운동을 활발히 전개하여 우리 국민들이 후진국 국민성을 탈피하도록 돕는 일이 가장 필요한 일인 것 같다.

아래의 백범 김구 선생님의 말씀을 새겨듣고, 각자가 이기적 개인주의를 버리고 다른 사람을 더 배려하는 문화를 만들어야 겠다.

「최고의 문화로 인류의 모범이 되기를 사명으로 삼는 우리 민족의 각원은 이기적 개인주의여서는 안 된다.」

외유성 여행

우리나라의 공직자들은 출장견학을 핑계로 외유성 여행이 일반화되어 있는 것 같으며, 거의 권력의 크기에 비례해 권력이 큰 기관일수록 외유성 여행이 훨씬 더 많은 것 같다.

과거에는 우리나라가 후진국이라 선진국으로부터 배울 점이 많았고, 인터넷이나 통신도 지금같이 발달되지 못하여 선진국의 경제와 문물을 받아들이기 위해서는 공직자들이 부지런히 해외에 가서 많이 보고 많이 배워 올 필요가 있었을 것이다.

하지만 현재 우리나라 대부분의 제도는 거의 선진국 수준에 이르렀고, 오히려 일부는 더 잘 되어 있기도 하며, 인터넷이나 통신이 발달하여 필요한 정보는 쉽게 얻을 수 있기 때문에 과거처럼 해외 출장 견학의 필요성이 크게 준 것이 사실일 것이다.

하지만 아직도 국회, 지방의회 등의 힘이 있는 기관일수록 예산편성의 용이함을 이용하여 해마다 해외출장비를 계상해 놓고 외유성 해외여행을 정례화하고 있는 것 같다.

한 기관에 장기 연임자들은 해외출장을 선진국 순으로 대부분의 국가를 다 가고 나면 어떤 출장목적을 달든 남아메리카, 아프리카까지 관광지가 유명한 곳이면 돌아가면서 다 가고 있는 것 같아, 국민의 세금으로 권력자들의 개인적 여행경비를 보태주고 있는 느낌이 든다.

그러다 보니 한국 사람들이 주로 방문하는 일부 해외의 시설들은 한국인 방문객들로 문전성시를 이룬다. 우리 한국 사람들을 이해할 수가 없다고 생각하는 현지인들도 있는 것 같다고 한다.

하지만 일반 회사들은 출장비를 국가에서 지원받지 않고 회사에서 부담하여야 하니, 해외 출장이든 국내 출장이든 필요한 목적 외에 출장이 없을뿐더러 출장을 가더라도 대부분 목적 외의 관광은 극히 제한될 수밖에 없는 실정이다.

우리 공직자들이 꼭 필요한 해외출장은 가야겠지만 국가의 돈이라고 자신이 근무할 때 열심히 외유성 해외 출장을 가는 일은 국민들을 기만하는 일이며, 도덕적 해이의 표상이므로 정신을 차려야 한다고 생각된다.

우리 고위 공직자들이 스스로 도덕적 해이에 빠져 있는 한 그들이 관리하고 감독하는 기관의 공무원이나 일반인들에게 도덕적 해이에 빠져 있다고 호통을 친다면 그들이 속으로는 어떻게 생각할까 본인들의 양심에 물어보아야 할 것 같다.

경조사

경조사에서 경사란 결혼식, 회갑연, 칠순연, 팔순연, 돌잔치 등 경사스러운 일을 말하고 조사란 주로 장례식처럼 불행한 일을 말한다.

옛날 시골에는 결혼식이든 장례식이든 자신의 동네와 이웃 동네 사람들까지 불러 대접을 해야 하니, 대부분 가정형편이 어려워 그 비용이 큰 부담이라서 동네 분들이 명목으로 돈을 주거나 대신 음식을 해오거나 하며 도와주었고, 친지나 친척들이 조금씩이나마 부조금(축의금과 조의금)을 내어 비용을 보탤 수밖에 없었다.

그래서 당시는 경조사 때 부조를 하는 문화는 하나의 미풍양속에 속한다고 할 수 있었다.

그러나 현재와 같이 경조사 시 분별없이 사람을 초청하는 일로 청첩장은 곧 돈을 청구하는 봉투라는 말이 나올 정도로 타락하고 있는 것은 미풍양속이 아니라고 본다.

예를 들면 상대방과 그리 친하지도 않거나, 상대방에게 경조사 거래를 한 적도 없고 상대방은 경조사를 다 치러 경조사비를 받을 일도 없거나, 그리 친하지도 않고 심지어 10년 이상 보지도 전화통화도 없었던 사람에게 청첩장을 받는 등 상식적으로 이해가 안 되는 이기심에서 오는 사례들이 주변에서 있었다.

우리나라에도 "건전가정의례의 정착 및 지원에 관한 법률"과 "건전가정의례준칙"이 만들어져 있어 주요 내용을 소개하면 '결혼식 시 하객 초청은 친척·인척을 중심으로 하여 간소하게 한다.'라거나, '회갑연 및 고희연 등의 수연례는 가정에서 친척과 친지가 모여 간소하게 한다.'라거나, '조사 시 신문에 부고를 게재할 때에는 행정기관 및 공공기관·단체의 명의를 사용하지 아니한다.'라고 되어 있다.

"부정청탁 및 금품 등 수수의 금지에 관한 법률"이 만들어져 '공무원은 직무 관련자나 직무 관련 공무원에게 경조사를 알려서는 아니 된다.'라거나, '경조사비를 5만원 이내'로 한정하고 있다.

대부분의 사회 지도층 인사들이 공무원에 해당하며, "부정청탁 및 금품 등 수수의 금지에 관한 법률"에서 규제하는 청첩과 경조사비 등을 스스로 지켜야 하는데, 주변에 있는 공직자들이 '자신이 공직에 있을 때 자녀들 결혼을 빨리 시켜야 한다.'라고 자녀들의 결혼을 독촉하는 일은 우리나라 청첩과 경조사의 실태를 반영한다 하겠다.

실제로 힘과 권력이 있는 사회지도층은 경조사를 한번 치루고 나면 수억 원의 수입이 생긴다는 소문들이 있으니, 일부 사회지도층들이 지금의 경조사 문화를 미풍양속이라고 말하는 사람들이 있다 하니 이해할 만하다는 생각이 든다.

일반 시민들은 경조사를 치루고 나면 음식비 등 각종 비용을 공제하면 쥐꼬리만큼 남아 살림에 아무런 도움도 되지 않는 것 같고, 대부분 예식이나 장례식 비용으로 쓰이는 것 같다.

물론 경조사가 역기능만 있는 것은 아니고 경조사를 통하여 사람들 간 만남의 장소 역할을 하고, 경조사 참석 후 친구들이 함께 당구, 고스톱, 2차 술자리로 가는 경우도 있어 서로 간 친목 도모 등 소통의 기능은 순기능이 될 수 있다고 본다.

하지만 경조사 후 대부분의 사람들이 집에 가기 바쁜 것을 보면 그런 순기능 효과는 매우 작아 보이고, 그 시간과 돈을 자신들의 취미생활, 가족과 오붓한 시간, 독서 등 더 보람된 일에 투자한다면 우리들의 삶을 질을 개선하는 데 더 많은 기여를 할 수 있을 것 같다는 생각이 든다.

다행히도 건전가정의례의 정착이 필요하다고 느끼는 일부 유명 연예인들이 작은 결혼식(스몰웨딩)을 하면서 솔선하고 있고, 이런 영향을 받아서인지 일반인들도 작은 결혼식을 하는 사람들이 늘고 있다. 코로나로 인하여 더 많은 사람들이 동참해 가고 있으니 더욱 다행이다.

우리나라도 공정 사회로 가기 위해서는 사회지도층부터 솔선

보통 사람이 본 대한민국

하여 작은 결혼식, 회갑연 등의 수연례, 아이돌 등의 경조사를
아주 가까운 친지나 친척만 청하여 간소하게 한다면 사회의 갈
등요소를 줄이는 작지만 하나의 좋은 사례가 될 것 같다.

제사

우리나라는 유교의 영향을 받아 부모나 조부모들의 돌아가신 날이 되면 제사를 지내거나, 종교인들은 나름대로 추도식을 올리는 것 같다.

필자는 20여 년 전 서울에서 가까운 지방에 사는 오촌 장조카 집에 할아버지 제사를 지내러 간 적이 있었는데 마침 작은 아버지께서 제사 음식을 가지고 장조카를 혼을 내시는 걸 보았다.

예전에는 집안들이 대부분 인근 지역에 모여 살았고, 좀 떨어져 살아도 30여 리 정도였으므로 할아버지 제삿날이면 농사가 주업이어서 낮에 농사일을 하고 저녁에 큰집에 와서 제사를 지내고 다음날 집으로 돌아가 농사를 지으면 되니 큰 부담이 아니었다.

하지만 현대에는 대부분의 자손들이 각 지방으로 퍼져 나가 살기도 하고 심지어 외국에 나가 살기도 하는데 할아버지 제사에 자손들이 다 참석도 안 하면서 장손한테 모든 제사를 지내라고 강요하는 것도 잘하는 일이 아니란 생각이 든다.

연로하신 작은 아버지께 그런 상황을 말씀드리면서 자손들이 함께 모여 친목회도 할 겸 우리 집안도 제사제도를 현대 사회의 실정에 맞도록 조정하자고 설득하여, 지금은 봄철 한식을 제사일로 정하고 참석이 가능한 할아버지 자손들이 모두 모여 기제사 대신 할아버지 산소부터 고조할아버지의 산소까지 한번에 돌면서 제사를 지내오고 있다.

과거 우리의 전통 문화였던 호주제를 폐지했듯이 제사 외에도 현대에 맞지 않거나 불편한 문화는 좋은 방향으로 바꾸어 나가는 게 좋지 않을 까 생각된다.

예를 들면 경조사 시 온갖 아는 사람을 초청하는 문화, 나이를 중히 여기는 문화, 지나치게 가족관계를 따지는 문화, 돌아가신 분을 직접 매장하는 문화, 밥을 먹을 땐 조용히 먹어야 하는 문화 등 많이 있을 것 같다.

장례문화

그동안 우리나라는 부모나 조부모가 돌아가시면 산이나 별도로 구매해 놓은 토지에 사체를 직접 매장하는 문화였다.

그리고 후손들 중에서 종손이 고조할아버지까지는 기제사로 지내고 5대조 할아버지부터는 시양답이나 시양전을 별도로 장만하고 외부인에게 농사를 짓게 한 후 그 대가로 늦가을에 시제상을 차리도록 하여 제사를 지내 온 사례가 많이 있었다.

하지만 현대 사람들은 자식을 아들딸 안 가리고 2명 이상의 자녀를 낳지 않으므로 자연스럽게 호주제가 폐지되었고, 집집마다 대를 이을 종손도 없거니와 있더라도 그 의무를 지겠다는 사람들이 없을 것 같다.

따라서 요즘 사람들은 매장을 하고 산소를 쓰더라도 혹여 자식까지는 제사를 지내거나 산소를 관리해 줄지 모르지만, 자식들이 죽으면 관리해 줄 사람이 거의 없다고 보아야 할 것이므로 이제는 죽더라도 매장을 하여 산소를 쓸 이유가 없게 된 것 같다.

그리고 우리나라 면적이 좁은 데다 산소가 너무 많아 토지의 이용 측면에서도 적절하지 못한 것 같아, 이제 산소를 쓰는 제도를 새로 검토하여, 기존에 있는 산소들도 20년 내지 30년의 존치 기간을 두고 정리하여야 할 필요가 있을 것 같다는 생각이 든다.

다행히, 요즘에는 부모가 돌아가시더라도 80세 이상 되신 어르신들이 본인이 반드시 원하는 경우 외에는 매장을 거의 하지 않고 화장을 한 후 납골묘에 모시거나, 수목장으로 모시거나, 종산이 있는 경우 부모 산소 앞에 아주 작게 평장으로 모시거나 하는 분들이 많아져, 국민들의 합의를 이끌어내기도 그리 어려워 보이지는 않는다.

노약자 보호석

노약자란 사전적 의미로 늙은 사람과 약한 사람을 아울러 이르는 말이라 하니 전철 등에 있는 노약자 보호석(Priority seating)은 노인이나 약한 사람을 보호하기 위하여 마련한 좌석인 셈이다.

우리나라는 지하철이나 전철을 타면 전차 호실의 양 끝단에 노약자 보호석이 좌우 3석씩 있다.

서울교통공사에서는 2013년 지하철에 임산부 1~8호선의 전차 3,570량에 각 량당 2석씩의 임산부 배려석을 배치하였다.

우리 사회에 노약자 보호석 때문에 가끔씩 말들이 생기는 것 같은데, 노약자 보호석이 비어있을 때 노약자가 아니라도 앉아 있다가 노약자가 오면 피해주면 된다는 의견과 노약자 보호석은 항상 비워 놓아야 한다는 의견이 대립되는 것 같다.

우리나라에 "장애인·노인·임산부 등의 편의증진 보장에 관한 법률"에는 장애인·노인·임산부 등이 일상생활에서 안전하고 편리하게 시설과 설비를 이용하고 정보에 접근할 수 있도록 보장하는 시설주나 시설주관기관의 책무에 관한 것이지 노약자 보호석의 운용방법은 없었다.

한편 생각하면 그게 그리 중요한 일도 아니라 꼭 법이나 규정으로 정해놓아야 할 사항도 아닌 것 같긴 하며, 일본, 미국 등에서는 대체로 노약자 보호석이 비어있으면 노약자가 아니라도 앉았다가 노약자가 오면 비워주는 문화라고 한다.

노약자 보호석은 늙은 사람과 약한 사람을 아울러 이르는 말이므로 노인과 장애인, 임산부, 병이 있는 환자 등 약한 사람은 모두 앉을 수 있는 자리라 하겠다.

그런데 지하철에서 젊은 사람이 앉았다고 노인들이 야단을 치는 사례는 그 젊은 사람이 겉으로는 나타나지 않지만 몸이 약한 상태의 약자일 수도 있다는 점을 고려한다면 야단을 칠 일은 아닌 것 같다.

이런 일은 아프지도 않은 젊은이들이 버젓이 노약자 보호석을 차지하는 경우가 있다고 보는 노인들이 젊은이들을 보는 불신에서 오는 현상이 아닌가 싶다.

하지만 같은 노인끼리도 나이의 많고 적음으로 다툰다 하니 이런 일은 불신이라 볼 수도 없고 결국은 배려심의 부족에서 오는 게 아닐까 싶다.

그러면 노약자 보호석을 이용할 수 있는 노인의 나이는 몇 살부터이며 노약자 보호석이 아닌 일반 좌석에서는 노약자가 타더라도 양보를 안 해도 되나 등등의 배려심 없는 의문이 생길 수도 있을 것 같다.

노약자 보호석은 노인이면 다 앉아야 하는 노인 전용석이 아니며, 표현은 노약자라 했더라도 결국은 약자를 위한 배려석이므로 누구든 더 약한 사람이 앉는다면 서로가 시비를 할 일도 아니라고 생각한다.

예를 들어 노약자가 많이 타지 않는 심야와 통근시간에 앉을 만한 약자가 없어 노약자석이 비어있다면 피곤에 지친 젊은이들이 앉았다가 노약자가 오면 비워주더라도 별 문제는 없을 것 같다.

우리 사회에 이렇게 불신이 심하고 남에 대한 배려심이 부족하여 다른 나라에는 없는 임산부 배려석도 마찬가지다. 임산부라고 반드시 배 부른 티가 나는 것은 아니기 때문에 임산부가 아닌 사람이 앉을 수도 있어 이 또한 사회적 갈등을 부추기는 요인이 될지도 모른다는 생각이 든다.

우리가 사는 사회를 좋은 사회로 만들어 가려면 우리들 모두가 다른 사람에 대한 배려심이 부족하다는 것을 인지하고, 자기 자신부터 변화해 가는 의식개혁이 필요할 때인 것 같다.

단체 보행

20년 정도 전에 미국에 갔을 때의 일이다.

일행들이 많을 경우 한국에서는 통상 함께 보도를 다 차지하고 걷듯, 그곳에서도 일행들 여러 명이 함께 이야기하면서 그리 넓지 않은 보도를 다 차지하고 걷고 있었는데, 한 미국인 중년여인이 차도로 내려가 우리 일행을 앞질러서 뒤를 돌아보며 화를 내듯 고성을 지르며 지나갔다.

영어로 고성을 지르니 말을 알아들을 수가 없어 함께 있었던 가이드한테 그 여인이 왜 우리에게 화를 내며 갔느냐고 물어보니, 우리 일행들이 다른 사람들도 지나갈 수 있게 보도를 남겨놓고 걷지 않고 다 차지하고 걸어 불편을 초래했기 때문이란다.

생각해 보니 그 여인의 말이 틀린 것이 아니긴 한데, 우리나라는 통상 일행들이 있을 때 그렇게 걷는 게 습관이 되어, 일행들은 아무 생각 없이 뒤에 오는 사람이 빨리 가려면 차도로 내려가든 알아서 가면 된다고 생각하고, 또 일행들의 뒤에 있게 되어도 자신들도 그러하니 특별히 불평을 하지 않고 지나가는 게 한국의 문화 같다.

그 이후 필자는 친구들 일행이 보도를 다 차지하고 왁자지껄 이야기하며 지나갈 일이 있을 때면 친구들에게 다른 사람들이 지나가게 길의 한편을 틔워주고 걷자고 말을 하는 습관을 갖게 되었다.

일본에 가이드를 동반한 여행을 몇 번 갔었는데 가이드 여행자 일행들이 마찬가지로 미국에서 보도를 걷듯 보도를 다 차지하고 걸은 적이 있어 일본인들의 눈치를 보았는데, 일본인들은 오히려 자기들이 미안하다고 웃으며 "스미마셍" 하며 지나가고, 미국에서 본 여인처럼 짜증을 내며 지나가지는 않았다.

일본, 미국, 우리나라의 문화를 단편적으로 비교해 보니, 일본 사람들은 일행이 함께 걷더라도 다른 사람에게 불편을 주지 않기 위해 다른 사람이 갈 길을 틔워주고 걷고, 혹 다른 사람들이 보도를 다 차지하고 걸어도 이해해주는 사례를 보고, 미국인이나 한국인이 그 배려심을 배워야 할 것 같다는 생각이 들었다.

차량보험

한국교통연구원에 따르면 우리나라가 OECD 국가 중 사고율이 1위라고 하는데 2017년을 기준으로 우리나라에서 1년 동안 발생하는 교통사고로 인한 사회적 비용이 40조 원이 넘으며 거의 매년 증가해 왔다고 한다.

1년간 교통사고 건수는 약 114만 건이며, 도로교통사고로 4,185명이 생명을 잃었고, 180만 명이 다쳤다고 한다.

이와 같은 금액은 같은 해 GDP의 2.3%에 해당하며, 근로자 100만 명의 연봉과 맞먹는 금액이다. GDP 대비 도로 교통사고 처리 비용이 미국, 일본, 영국 등에 비해 여전히 높은 수준이라고 한다.

교통사고 처리를 위한 연간 사회적 비용은 40조 원, 사고 건수 114만 건, 사망 약 4,200명, 부상 약 180만 명이라니, 그 숫자가 거의 천문학적인 숫자에 가깝다는 생각이 든다.

교통사고의 가장 큰 원인은 '운전자의 과실'을 포함한 인적요인이라 하는데, 이는 우리나라가 운전교육이 부족한 사람들에게 운전면허를 내 주는 것이 가장 큰 요인이라고 생각된다.

교통사고로 인한 사회적 비용이 발생하는 직접적인 원인은 교통사고가 많아서겠으나, 우리나라 사람들의 도덕적 해이(Moral hazard)도 큰 몫을 차지한다고 보아야 할 것이다.

대부분의 국민들이 사고가 나면, 다음과 같이 보험수리비를 과다 사용하는 도덕적 해이가 거의 일반화되어 있는 것 같다.

□ 차량의 범퍼는 경미한 사고나 주·정차 시 앞·뒤차와 잦은 부딪힘 등을 고려한 완충 설비로 약간의 손상은 차량의 기능에 별 문제가 없는데도, 아주 경미한 손상이라서 차량용 마모제와 페인트로 수선을 해도 되는데도 불구하고 범퍼 전체를 교체한다거나, 차량의 본체에 생기는 아주 작은 손상도 마찬가지다.

□ 사고가 나면 사고로 생긴 손상 외에도 자신의 차량이 노후되거나 자신이 주행 중 손상된 부위라도 모두 사고로 인한 손상처럼 보험료로 수리한다.

□ 자동차 사고로 보험처리에 의한 정비일 경우, 소비자가 정확한 수리비를 모르고, 사고 후 당장 자차의 운행이 불가능하여 수리가 급한 점 등을 이용하여 차량정비업체에서는 수리비용을 과다하게 받는 것 같다.

□ 특히, 외제차와 사고가 난 경우, 외제차의 부품비와 수리비를 모르기도 하려니와 현실적으로 수리비도 많이 나오므로 서민들이 고급 외제차와 사고 시 너무 많은 보험료가 청구되어 보험료 요

율이 크게 올라 곤란을 당하는 경우도 있다.

☐ 자동차 사고 시 다친 데가 없거나 아주 경미한 부상일 경우에도 할 일이 없는 사람들은 퇴원해도 되는 상태임에도 병원에서 시간을 보내며 보험금을 과다하게 지급받는 소위 "날라리 환자"들이 많은 것 같다.

우리 사회의 도덕적 해이는 점점 사회가 감당하기 어려운 수준으로 치닫고 있는데, 교통사고 처리 과정의 도덕적 해이는 너무 일반화되어 있어 국민들의 도덕적 해이를 키우는 촉진제 역할을 하고 있다고도 보여 개선이 가장 시급한 분야이기도 한 것 같다.

우리나라도 선진국과 같이 교통사고율을 줄이려면 교통사고 요인들을 정밀히 분석하여 제도적인 대책을 강구하여야할 것 같다.

모든 제도는 장·단점이 있어 시행 시에는 면밀한 비교 검토가 필요하지만, 우선 자동차의 사고 시 부위별 손상의 크기를 세분화하여 손상의 크기별 수리비 한계를 차량의 종류에 관계없이 정해 놓아야 한다는 생각이 든다.

교통사고 시 무분별한 수리와 외제차라고 하여 과다하게 수리비를 청구하는 일이 없도록 대책을 강구하는 게 사회적 갈등요소의 하나를 없애는 일이 아닌가도 생각된다.

또한 교통사고 시 무분별하게 수리하는 국민들의 도덕적 해이가 조속히 개선될 수 있도록 국민들의 계몽은 다른 사회적 이슈들과 함께 꾸준히 이루어져야 할 것 같다.

추월차로

도로교통법에 모든 차의 운전자는 다른 차를 앞지르려면 앞차의 좌측으로 통행하여야 하며 앞지르기를 방해하여서는 아니 된다고 되어 있다.

2차로 이상의 도로에서 중앙차로 쪽이 추월차로이고, 갓길 쪽이 주행차로이며, 추월차로는 앞의 차를 앞지르기 위하여 이용하는 차로이므로 교통의 원활한 흐름을 유지하기 위하여, 추월이 끝나면 바로 주행차로로 복귀하여 다음 추월차량이 이용할 수 있도록 비워줘야 한다. 추월 차량에 방해가 되지 않는 속도로 주행하는 차만이 이용하여야 할 것이다.

운전면허시험에서 도로교통법이 차지하는 비중이 큰 만큼 추월차로와 주행차로가 무엇인지 모르고 운전면허를 취득한 사람은 거의 없을 것임에도 고속도로에서 느린 속도로 운전을 하여 다른 차들의 추월을 방해하면서도 무조건 추월차로에서만 유유히 주행하는 차를 종종 보게 된다.

심지어 자신의 차와 앞차와의 간격이 한없이 멀고 다른 차들은 주행차로의 교통흐름을 보면서 계속 끊임없이 추월을 하여 가는 것을 보면서도 아랑곳하지 않고 추월차로에서 저속운전으로 일관하여 주행하는 차들도 종종 본다.

우리나라는 다른 나라와 달리 그런 차량들이 너무 많다 보니 아예 주행차로가 오히려 추월차로로 변하는 정말 웃기는 현상을 너무 자주 보게 된다.

초보 운전자들이 잘 몰라서 추월차로에 들어갔다가 운전이 서툴러 빠져 나오지 못하는 차들도 극히 일부는 있겠지만, 대부분의 운전자들은 주행차로로 가다가 자신보다도 느린 대형 트럭들을 만나면 추월차로의 교통흐름을 보고 추월해야 하는 번거로움을 피하고 싶어 한다.

아예 추월차로로만 가면 자신은 편하니까 바쁜 사람들은 알아서 추월해 가면 되는 거 아니냐 하는 이기심에서 나오는 하나의 도덕적 해이현상인 것 같다.

이런 일 하나하나가 우리 국민들의 양심을 좀먹게 하고, 도덕 불감증을 키우는 게 아닐까 걱정된다.

화물차 적재물 낙하 사고

우리나라 사람들은 개방형 화물차를 많이 이용하거나, 개방형 화물차의 적재물을 제대로 고정하지 않는 습관이 있는 것 같다.

고속도로나 일반도로를 다니다 보면 차량에서 낙하된 적재물이 차선 중간에도 있고, 갓길에 떨어져 있는 것을 아주 쉽게 목격한다.

낙하물의 종류를 보면 토석(土石), 음료수 박스, 적재함을 고정하는 덮개나 로프, 포장용 박스, 채소 등 일일이 열거할 수 없을 정도로 별별 물건들이 다 목격되며, 급커브 길에서 수십 개의 박스에서 음료수병을 쏟아 놓은 경우도 자주 목격된다.

동네 골목에 다니는 식당 등에서 사용하는 식재료 운반용 개방형 소형 화물차들이 덮개나 로프를 제대로 묶지 않고 아슬아슬하게 다니는 경우도 자주 목격된다.

적재물의 낙하로 인한 사고는 앞차에서 낙하되는 적재물을 뒤차가 예측하기 힘들기도 하고, 고속도로와 같이 속력을 내는 도로에서는 낙하된 적재물을 갑자기 피하기도 어려워 의외로 큰 사고가 날 확률이 크다.

실제로 앞차에서 떨어진 낙하물로 인해 뒤차가 사고가 나면서 2차 내지 3차 추돌이 일어나 인명피해는 물론 도로가 몇 시간씩 정체되는 일들도 많이 일어난다고 한다.

교통안전공단에 따르면 화물차의 적재물 낙하사고와 신고 건수가 매년 증가하며, 고속도로에서 화물차 적재물 낙하로 인한 교통사고 치사율은 전체 교통사고 치사율의 2배에 달한다고 한다.

적재물 낙하사고는 사고가 나더라도 자신이 다치는 게 아니라 뒤에 따라오던 차에 피해를 주어, 다른 사람이 사망에 이르는 피해까지 볼 수 있으므로 적재물을 단단히 묶고 차량을 운행하여야 함에도 이를 소홀히 하는 도덕 불감증이 훨씬 큰 문제이다.

우리나라보다 1인당 국민 소득이 적은 중국, 베트남, 태국에 갔을 때도 의외로 도로에서 화물차에서 떨어진 낙하물을 우리나라만큼 볼 수 없었고 화물차도 적재물을 잘 묶거나 덮개차로 되어 있어, 그들 나라보다 우리나라의 도덕 불감증이 더 큰 것 같아 걱정이 되었었다.

화물차 적재물 낙하사고는 도덕 불감증과 안전 불감증이 겹쳐서 오는 사고이므로 법적 처벌 수위를 높이는 것도 중요하지만, 이런 사고를 발생시킨 자는 고의적인 사고자로 운전자들의 양심의 문제임을 부각시키는 대국민 홍보는 더욱 중요할 것 같다.

화물차 적재물 낙하사고의 사회적 관심을 더 확산시켜 우리나라 사람들의 양심수준을 올리는 데도 기여하고, 사고율을 줄이는 데 힘써야 할 때인 것 같다.

운전교육

  우리나라는 80년대 이전까지만 해도 특별히 부유한 일부 사람들을 제외하고 대부분의 보통 사람들은 자신이 미래에 자가용을 가지고 다닐 거라고 생각하는 사람들은 드물었던 것 같다.

  하지만 현대는 성인인 국민들의 대다수가 자기 차일 수도 있고 남의 차일 수도 있지만 운전을 하는 일이 일상화되어 있어 운전면허는 사회생활의 필수요소가 된 것 같다.

  우리나라는 자동차의 기능, 교통법규, 안전운전요령 등에 대한 간단한 사지선다형 필기시험과 단순한 운전기능 위주의 주차 및 주행시험으로 운전면허를 내어주고 있는 것 같다.

  일부 중국인들이 운전면허증을 취득하기 위해 자국보다 면허를 취득하기 쉬운 우리나라로 오는 일도 있다고 한다.

  우리나라가 OECD 국가 중 사고율이 1위라고 하는 데는 많은 원인들이 있겠지만 충분한 운전교육 없이 사람들에게 운전면허를 내어주는 것이 가장 큰 원인의 하나라고 생각된다.

일본, 미국, 유럽 등의 선진국을 가보면 도로에서 차량사고 현장을 목격하기 쉽지 않은데, 우리나라에서는 너무도 자주 도로에서 교통사고를 목격하게 되어, 우리나라가 자동차 사고율이 역시 높다는 걸 실감할 수 있었다.

미국은 통상 대부분의 고등학교에서 운전교육의 몇 학기 수업을 듣고 운전면허를 취득하거나, 수업을 듣지 못한 사람들은 공인된 운전학원 등에서 30시간 정도의 의무적 교육을 받아야 운전면허를 취득할 수 있다고 하며, 우리나라보다 훨씬 운전교육을 중요시하고 있다고 한다.

우리의 일상에서 가장 우리의 생명을 위협하는 일이 운전이고, 실제로 사고도 가장 많은 것이 단연 운전이라 할 것이므로 국가에서는 운전면허증을 내어주는 일보다 국민들에게 충분한 운전교육을 강제화하여 사고를 줄이는 일을 더 중요하게 생각해야 할 것 같다.

우리나라는 그동안 단기간에 고도의 경제성장을 이루느라 차량의 증가속도를 예측하지 못하였고, 국민들에게 충분한 운전교육을 강제하지 못할 수밖에 없었던 점은 충분히 이해가 되지만, 이제는 상황이 많이 달라졌으므로 미국 등 선진국과 비슷한 정도의 운전교육이 필요할 것 같다.

우리나라도 고등학교의 교육과목에 자동차의 기능, 안전운전요령, 교통법규, 운전상 예절, 사고처리 요령 등에 대한 운전과목을 편성하고, 고등학교를 이수하지 못한 사람들을 위해 30시간 정도의 사이버교육 등으로 대체하여 운전면허를 내어주는 등의 국민들의 운전교육을 강화하여야 할 시점이 된 것 같다.

우리 주변에서 운전 중에 일어나는 다음의 사례들은 운전교육의 부족으로 일어나는 일이 아닌가 생각된다.

☐ 도로에서 추월차로는 추월 시에만 이용하거나 추월 차량에 방해가 되지 않은 속도로 주행하여야 함에도 느린 속도로 운전하면서 무조건 추월차로만 주행하는 일

☐ 차선 변경 시 좌우 회전등을 켜 다른 차량이 대비하도록 하여야 하나 회전등을 켜지 않고 차선을 변경하는 일

☐ 우회전 차량이 이용해야 하는 가장 우측 차선을 직진 차량이 차지하고 직진 신호 시까지 대기하고 있는 일

☐ 무리한 끼어들기를 하거나, 끼어드는 차량에 양보운전을 안 하는 일

☐ 도로에 잠시 주차를 하더라도 다른 차량이 지나갈 것에 대비해 한쪽으로 주차하여야 하나, 다른 차량이 지나가지 못하게 주차하고 있다가 다른 차량이 와서 이야기를 하면 그때 다시 주차하는 일

☐ 앞차가 급정지 시 비상등을 켜 뒤차에게 앞 상황을 빨리 인식시켜주어 추돌사고를 방지해야 함에도 그냥 급브레이크만 밟는 일

☐ 운전 중 옆 차선만 비면 곧바로 끼어들며 곡예운전을 하고 다니는 일

□ 다른 도로로 진입하기 위해 다른 차량은 10분 이상 정체로 대기하고 있는데도 진입로 입구까지 와서 재빠르게 끼어드는 일

□ 운전을 하면서 다른 차량에게 방해되는 실수를 하였을 경우에도 상대 차량에 사과표시를 하지 않는 일

□ 차의 기본적인 일상 점검도 하지 않고 운전만 하고 다니는 일

□ 자신의 차 앞에서 방해가 된 차에 대해 위협적으로 운전하는 일

위에 이미 열거한 것 외에도 운전방법이나 운전예절이 잘못된 많은 일들이 주행 중에 일어나고 있으며, 물론 그중 많은 사례들이 운전자의 양심문제와 함께 일어나는 것들도 많은 것 같다.

필자는 딸이 운전면허를 취득하겠다고 하여 운전의 위험성을 잘 아는 만큼 걱정이 되어, 필자가 약 30쪽 분량의 안전운전요령이라는 교재를 직접 만들어 딸에게 주기도 하였었다.

우리나라는 자동차 사고로 많은 사람들이 생명을 잃기도 하고, 사고로 인한 사회적 비용은 2017년 기준으로 40조 원을 넘는 큰 비용이 들기도 하지만, 보험료의 무분별한 사용, 보험수리비의 과다청구 등의 도덕적 해이(Moral hazard)로 국민들의 양심을 좀먹고, 사회악을 키우고도 있다고 보아야 할 것 같다.

이와 같이 운전은 위험성이 높은 행위이므로 국가에서는 국민들의 차량사고의 방지를 위해 운전교육에 힘써서, OECD 국가중 항상 1등을 유지하고 있는 자동차 사고율 1위라는 불명예를 빨리 씻어내야 할 것 같다.

자전거 등록제

과거에 자전거를 타고 탁구장에 가서 운동을 하고 나와 보니 자전거를 잠갔던 줄의 자물쇠 연결 부위가 부러진 채 옆에 버려져 있고 자전거가 없어졌던 적이 있다.

잃어버려도 아깝지 않게 싼 자전거가 좋다는 말이 사람들에게서 나올 정도로 우리나라는 자전거를 잃어버리는 일이 아주 흔한 것 같으며, 자전거를 훔치는 사람들은 중고등학생과 같이 어린아이들이 많다고 한다.

자전거를 잃어버려도 고가 자전거가 아닌 이상 신고도 잘 안 하고, 설사 신고를 하여도 자전거를 잃어버리는 일이 워낙 흔하다 보니 경찰에서도 대수롭지 않게 여겨 찾기도 어려운 것 같다.

우리나라의 옛말 중에 "바늘 도둑이 소 도둑 된다."라는 말이 있듯이 자전거는 가장 쉽게 도둑질을 할 수 있는 물건이라 어린이들이 한번 훔쳐서 타게 되면 죄의식이 사라짐에 따라 커가면서 점점 큰 물건도 손을 대는 진짜 도둑이 될 확률이 높아질 것 같다는 생각이 든다.

또한 잘못된 일은 다른 사람도 끌고 들어가려는 속성이 있어, 친구들에게 대수롭지 않게 이야기함으로써 친구들 간에도 전파가 될 수 있다고 본다.

그러면 우리 사회가 자전거로 인해 얼마나 많은 도둑과 범죄인들을 만들고 있는 걸까를 생각해보면 우리 사회에서 대단히 심각한 일을 방치하고 있다는 생각까지 든다.

일본에서 유학을 하고 돌아온 지인이 일본의 한 골목에 버려진 것으로 보이는 자전거를 생각 없이 끌고 와 타다가 도둑으로 몰려 혼쭐이 난 적이 있다는 이야기를 들었는데, 일본은 자전거에도 자동차와 같이 자체의 차대번호가 있어 자전거 등록제를 시행하므로 자전거를 잃어버리는 일이 거의 없다고 한다.

우리나라도 자전거의 차대번호화로 등록제를 시행한다면 차대번호가 없으면 도둑의 물건이 되므로 판매가 안 되어 자전거 도둑이 크게 줄 수밖에 없을 터이므로 사회적 비용이 좀 들긴 하겠지만, 도둑을 감소시키는 긍정적인 효과가 훨씬 가치가 있는 일일 거라고 생각되어 충분히 검토해 볼 사안이라는 생각이 든다.

보통 사람이 본 대한민국

카톡 공해

필자는 나이가 있다 보니 시력이 안 좋고 신경도 무디어 휴대폰상에서 글자를 타이핑하는 것도 느리므로 이용하는 SNS(Social Network Service)라고는 카카오톡(KakaoTalk)과 밴드(Band)가 전부이다.

밴드는 가족들과 하는 밴드이고 보니 손주들을 포함한 자녀들의 근황을 실시간으로 알 수도 있고 손주들 얼굴이나 재롱을 거의 실시간으로 볼 수 있으므로 매우 요긴하게 사용하는 SNS가 되었다.

그런데 카톡은 밴드보다 훨씬 많이 개방되어 있어서 친한 친구, 직장의 동료들, 취미생활을 함께 하는 회원들, 친지들 할 것 없이 무척 많은 단체 카톡방(단톡방)이 있다 보니 편리한 일도 있지만 불편한 일도 많은 것 같다.

카톡으로 자신에게 생긴 일상 중에 특이한 일, 다른 친구들과 회원들의 특이한 동정, 어떤 행사나 모임에 대한 공지와 결산, 어떤 행사가 있을 때 중요사항을 결정하기 위한 투표기능 등 카톡으로 할 수 있는 일들이 아주 많은 것 같다.

반면에 카톡은 그 편리성 때문에 워낙 자주 사용하므로 소리는 무음으로 해 놓는다 해도 새로운 카톡이 온 것으로 휴대폰 화면에 표시가 뜨면 수시로 볼 수밖에 없으며, 카톡을 본 내용은 휴대폰 메모리를 차지하므로 가끔씩 지워야 하는 불편함이 있다보니, 필요 이상으로 카톡을 많이 받는 일이 불편하여 "카톡 공해"라 부르는 신조어가 생긴 것 같다.

카톡 공해가 되는 사례들을 열거해 보면 특이한 일상도 아닌 자신의 평범한 일상(식사상의 사진 등)을 거의 매일 보내는 일, 다른 사람은 관심도 없는 동영상, 글귀들을 매일 보내는 일, 다른 사람이 잠자는 시간인 늦은 저녁이나 새벽에 카톡을 보내는 일 등이 있다.

이와 같이 카톡을 많이 보내는 사람들의 속마음은 리플(reply)을 달아주기를 원하는 것 같은데 그것도 다른 사람들에게는 부담을 주는 일이 될 것 같다.

대부분의 단톡방에 카톡 공해가 될 만한 것들을 자주 보내는 멤버가 한두 명 정도는 있는 것 같고, 그렇다고 나쁜 의도로 보내는 사람은 없을 터이므로 이해를 해 주어야 하긴 하지만, 개인별로 카톡을 통하여 받은 좋은 글들을 모두 합치면, 우리나라 사람들은 모두 성인이 되어있을 정도로 많다. 그러다 보니, 이제는 좋은 글이라 해도 잘 안 보게 되는 것 같아 필요한 사람에게 한정하여 보내는 게 좋을 것 같다는 생각이 든다.

우리가 통상 매년 신정, 구정, 추석, 크리스마스 때가 되면 카톡이나 메시지로 덕담을 주고받는 일이 많은데 단체로 보내는 기능이 있어 손쉽게 보낼 수 있어 많이 이용하고 있는 것 같으나, 몇 년씩 만나지도 전화도 없었으면서 그때만 되면 카톡이나 메시지로 안부를 하니, 답은 해주어야 하고 어떨 땐 그런 제도가 정착되는 일이 우리 사회에 좋은 일인가 하는 의문이 들기도 한다.

요즘 카톡 공해란 신조어가 생길 정도로 여러 사람들이 불편해 하는 걸 안다면, 혹여 자신이 카톡 공해를 일으키는 사람은 아닌가를 돌아볼 필요가 있다고 생각된다.

국민건강보험료

OECD health data(2014)에 의하면 한국의 경우 국민 1인당 연간 진료횟수가 14.3회에 이르지만, 영국의 경우는 5.0회에 불과하고, 총 의료비용은 한국은 GDP 대비 7.6%인 데 비해 영국은 9.3%나 된다.

우리나라는 영국과 비교해 2/3의 비용을 들여, 3배 이상 의료서비스를 이용한다고 하며, 영국 외의 다른 선진국들보다도 우리나라는 GDP 대비 건강보험료는 적게 내면서 대체로 의료서비스는 더 좋은 걸로 알려져 있다.

하지만, 직장 가입자는 건강보험료를 보수 월액을 기준으로 부과하면서도 사업주 50%, 가입자 50%로 나누어 부담이 적지만, 지역 가입자는 차량, 부동산, 거주상황, 종합적인 소득 등을 모두 합산하여 부과하는 데다 본인이 100% 부담하여야 하므로, 직장 가입자에 비하여 상대적으로 건강보험료의 부담이 너무 크다고 느끼는 것 같다.

또한 직장을 퇴직하여 지역 가입자의 대상이 되더라도 직계 가족 중에 직장 가입자가 있어 그 가입자의 피부양자가 되면 재산이 있어도 건강보험료를 전혀 내지 않아도 된다.

이러한 일로 직장이 없거나 정년퇴직을 하였는데 건강보험에 가입된 자녀도 없는 지역 가입자들은 건강보험료 부담이 과중하다고 느끼고, 피부양자가 되면 건강보험료를 전혀 내지 않아도 되는 등 건강보험료가 형평성 측면에서 문제가 있다고 느끼는 사람들이 많은 것 같다.

직장가입자는 그 소득액에 따른 징수가 투명한 데 반해, 지역 가입자의 경우 소득의 완전한 노출이 어려워 차량, 부동산 등의 재산과 전세 등 거주상황을 반영하여 건강보험료를 계산하기 때문이라고 하지만, 지역 가입자도 대부분 투명하게 국세청에 소득 신고를 해야 하는 현 상황을 고려하면 건강보험료 수가체계의 합리적인 개선이 필요한 것이 아닌가 하는 생각이 든다.

나이

우리나라에서 사용하는 나이는 두 가지가 있는데, 하나는 우리나라 전통방식의 나이로 어머니 뱃속에서 태어나면서 이미 한 살을 먹는 방식과 외국과 같이 태어난 후 만 1년이 경과되어 첫 번째 생일을 맞아야 한 살이 되는 만 나이이다.

전통방식의 나이도 과거에는 떡국을 먹어야 한 살을 먹는다고 음력설 즉, 구정을 지나야 한 살을 먹었는데 요즘엔 양력을 주로 이용하다 보니 양력으로 새해가 오면 바로 한 살을 먹는 것 같다.

우리 생활에서 전통 나이와 만 나이를 사용하는 경우로 보면, 관공서나 병원 등에서는 만 나이를 사용하고, 일반 사회에서는 전통 나이를 주로 사용하는데 TV, 라디오와 같은 매스컴에서는 주로 만 나이를 사용하지만 때로는 전통 나이도 혼용하는 것 같다.

나이를 말하다 보면 우리 나이인가 아니면 만 나이인가 의아해하는 경우가 생기고, 특히 외국인과의 대화에서는 1살이 차이가 나니 조그만 차이이긴 하지만 외국인과의 의사소통에서도 차이가 생긴다.

어떤 경우는 생일날 촛불의 개수를 나이 숫자만큼 꽂다 보니, 첫돌이 촛불 한 개인데 결국엔 촛불의 개수가 하나가 많아지는 해프닝이 벌어지기도 한다.

어느 나라든 그 나라만의 독특한 문화가 있기 마련이며, 과거 국가 간의 교류가 적었던 시대에는 문화의 차이가 별로 불편할 게 없었지만 지금 같이 세계화 시대에는 문화의 차이가 불편할 경우가 많아 나라마다 좋은 문화는 발전시켜 나가되 다른 나라와 어울리기 불편한 문화는 차츰 바꾸어 나가는 게 맞는 것 아닌가 하는 생각이 든다.

국제화 시대에 걸맞게 우리나라도 국제적으로 통용되는 만 나이를 사용하는 것으로 통일하는 걸로 사회적 공감대를 만들기 위해 정부나 매스컴이 앞장서 준다면 아주 빠르게 정착되어 여러 불편이 금방 사라질 수도 있을 것 같다는 생각이 든다.

우리나라는 나이를 굉장히 우선시하고 중요시하는 문화를 갖고 있다.

서로 모르는 사람끼리 만나면 나이에 관심이 가고, 상대의 나이가 나와 몇 살이나 차이가 날까를 궁금해 하며, 그 내면에는 은근히 내가 상대보다 한 살이라도 많으면 상대가 나를 대접해 주기를 바라는 것 같다는 생각이 든다.

나이가 많은 사람이 나이가 적은 사람보다 반드시 인격이 더 훌륭해서 대접을 받아야 한다고 볼 수도 없고, 나이가 많은 사람이 반드시 나이가 적은 사람보다 건강하지 못하여 약자로 취급받아야 하는 것도 아니다.

지하철의 노약자 보호석에서 나이를 따지는 것이 불신과 배려심 부족도 한 요인이지만, 그 뿌리에는 나이가 많으면 대접을 받아야 한다는 우리 문화에 의한 영향이 있다고 생각된다.

미국의 기업인이자 투자가인 워런 버핏은 마이크로소프트사의 설립자인 빌 게이츠보다 25세나 많아도 서로 친구 사이라고 들은 적이 있는 것 같다.

나이를 우선시하고 중요시하는 문화 때문에 불편함은 가족관계와 직장생활 등 여러 분야에서 나타나는 것 같다.

가족관계에서 언니의 남편보다 여동생의 남편이 나이가 많을 경우가 가끔 있는데 이런 경우 동서 간에 서로 잘 어울리는 경우도 있긴 하지만, 서로 서먹하여 잘 어울리지 못하는 사례가 많아 가장 가까워야 할 가족끼리 나이 때문에 소원해지는 경우도 있는 것 같다.

직장에서도 부서장과 부서원 간에 나이가 반대로 되면 그로 인한 은근한 알력이 생기는 경우도 종종 있는 것 같다.

나이뿐만 아니라 우리나라에는 가족 관계에서도 손위 사람을 우선시하고 중요시하는 문화가 있는데 이 또한 우리 사회에서 불편한 상황들을 가져올 때가 있는 것 같다.

우리 문화는 형은 동생에게 형으로 대접받기를 원하고 조카보다 나이가 적은 아저씨는 나이 많은 조카에게 반말을 해도 되며 대접받기를 바란다.

미국에서는 형제간에도 형(Brother)이나 언니(Sister)로 부르기보다는 많은 사람들이 그냥 서로 이름을 부른다고 하는데, 이는 바로 나이나 가족관계의 손위 구분보다 서로를 대등한 인격체로 보는 문화 때문이 아닌가 싶다.

나이나 가족관계상 손위 사람이 반드시 대접받아야 하는 우리 문화가 있으니 나이나 가족관계를 전혀 고려하지 않을 수는 없겠지만, 가능한 나이 또는 가족관계보다 모든 사람은 대등한 인격을 갖춘 사람으로 보아주고 상대해 주는 문화로 우리 사회도 바뀌어 가면 어떨까 하는 생각이 든다.

나이가 건강의 척도도 아닌데 나이가 많으면 노약자 보호석에 반드시 앉아야 하는 것도 아니며, 단지 나이가 많은 노인을 대접하는 우리 문화 때문이지 우리가 생활하는 데 그리 중요한 요소는 아니므로 나이에 관계없이 서로서로 다른 사람을 배려하는 사회가 되었으면 좋겠다.

박정희 대통령

필자 개인이 주관적으로 본 박정희 대통령의 공과를 아래에 써 보았다.

박정희 대통령의 공과를 쓰기 위해 인터넷을 찾아보니 서로 주장하는 바가 너무 극단적으로 대비되므로 우리 사회가 갖고 있는 국론분열의 심각성을 다시 느끼면서 우리 사회가 참 무섭다는 생각까지 들고, 국론분열이 경중이 아니라 정말 회복하기 힘든 심한 중증에 걸렸음을 다시 깨닫게 된다.

필자도 동시대를 살아온 한사람으로서 나름대로 판단되는 공과를 쓰지만 판단은 독자들에게 맡긴다.

● 잘한 일
   □ 근면, 자조, 협동 정신을 기반으로 하는 국민의식 개혁운동인 새마을운동을 전개하여 국민들의 의식수준을 향상
   □ 국가의 백년대계를 위해 국민교육헌장의 제정, 문맹률 퇴치 등

의 교육개혁

□ 가정의례준칙, 저축 장려, 산아제한 등 사회개혁운동

□ 새로운 볍씨 개발, 비료생산 확대 등으로 단위면적당 소출 중대에 의한 식량 자급자족 해결

□ 산림녹화 사업에 의한 민둥산의 녹화, 산사태 방지를 위한 사방사업, 그린벨트정책으로 녹지의 무분별한 개발을 억제

□ 수출 주도의 고도성장을 위한 경제개발 5개년 계획의 수립과 시행

□ 베트남 전쟁 파병, 외자 유치 등으로 고속도로, 중화학공장 등을 건설하기 위한 자금 마련

□ 교통인프라 확보를 위한 경부고속도로 건설

□ 포항제철 등 중화학산업의 육성

□ 개인화기 국산화 등의 자주국방 정책 추진

□ 집권기간 1인당 국민총소득 21배의 고도성장을 달성

● 잘못한 일

□ 3선 개헌, 유신헌법 등 반민주적 헌법으로 18년간 장기 집권

□ 장기 집권을 반대하던 자들에 대한 탄압

위에 열거한 것들은 순전히 필자가 주관적으로 판단한 것이며 인터넷을 찾다 보니 정치성향에 따라 필자가 잘한 일이라 기술한 것들도 잘한 일이 아니라고 조목조목 반박하는 글들도 꽤 있

었다.

하지만 필자는 60년, 70년대를 겪은 사람으로서 60년대 우리 시골은 3번 국도에서 5리 정도 떨어져 있어 그리 산촌이라고 할 수 없는 동네에 비교적 가난하게 살았는데 그 당시 시골에서 겪고 있던 상황을 아래에 적었다.

□ 60년 후반까지 전기가 안 들어왔으므로 어두운 등잔불 아래에 서 책을 보려니 얼굴을 등잔불 가까이 바짝 대고 공부를 할 수 밖에 없어 다음날 아침이면 코 안에 시커먼 그을림이 생겼고,

□ 전기가 없으니 냉장고, TV, 세탁기 등 가전제품은 당연히 없어 겨울에는 빨랫거리를 뜨거운 물에 삶아 시냇가에 가서 얼음을 깨고 하다 보니 빨래를 자주 못하여 광목팬티 엉덩이 부분에는 늘 변으로 칠을 한 상태가 되었고,

□ 빨래를 자주 하지 못하고 머리도 자주 감지 못하여 머리에는 머릿니가, 내복에는 옷 이가 생겨 몸이 많이 가려우면 내복을 벗어 햇빛이 밝은 양지에 앉아 이와 함께 서캐라 부르는 이의 알을 잡았었고,

□ 라디오도 없고 신문도 없으며 도회지(도시)를 가지도 못하여 오직 학교에서 배우는 책과 선생님 말씀으로 얻는 지식이 다여서 외부 세상과 거의 단절된 삶을 살았었으며,

□ 신문지 같은 종이도 귀하여 벽은 마분지로 도배를 하고, 필자는 화장실에서 큰일을 보고 신문지로 뒤처리를 하였지만, 아버지는

신문지도 아까워 뒷간(화장실) 한편에 볏짚 단(벼를 털고 간추려 묶어 놓은 짚단)을 놓아두고 큰일을 보시고는 그 볏짚 중에서 연한 잎만을 떼어낸 후 돌돌 말아 뒤처리를 하였었고,

□ 겨울에는 목욕을 못하고 있다가 1월경 설에 한번 하는데 소죽을 쑤는 가마솥을 씻어내고 물을 끓여 가족들이 번갈아 어두운 광(창고)에 들어가 목욕을 하곤 하였고,

□ 쌀값이 비싸 쌀밥을 거의 못 먹고 아침, 점심은 보리밥이며, 저녁은 국수와 고구마로 때우고, 식구들 먹일 양식이 없는 거지가 가끔씩 아침이면 동네를 돌며 구걸을 하였고,

□ 먹을 간식거리라고는 1년에 몇 번 부모님이 5일장에 다녀오실 때 사다 주시는 사탕 몇 개가 전부였으며, 간혹 동네에 그때의 말로 아이스케키(설탕과 당원물(뉴슈가)을 얼려 만든 딱딱한 바(Bar)형 아이스크림) 장사가 오면 헌 고무신, 호미 등을 주고 일 년에 한두 번 사 먹는 게 다였으며, 봄이면 아버지께서 "송기"라고 소나무가 물이 오를 때 소나무의 제일 윗가지를 꺾어 겉껍질을 벗겨 내고 나오는 부드러운 물기가 제법 있는 속껍질을 재미삼아 먹었었고,

□ 겨울에 산에 가 나무를 해다 밥도 짓고 불도 때야 하는데 부모님들은 고무신이 미끄러워 볏짚으로 만든 짚신을 신었었고,

□ 6살쯤에 고무신도 없이 맨발로 산에 갔다가 뾰족한 죽은 나무에 발이 찔렸는데도 병원이 50리나 떨어진 도시에 있어 병원에 가지를 못하고, 발이 썩어 죽을까봐 산에서 약초를 캐다 삶은 물에 두세 달을 발을 담그고 있었는데, 다행히 발바닥의 살 속에 박혀

있던 부러진 나무가 저절로 빠져 나와 죽지 않고 살았던 적도 있었고,

☐ 20리(8km) 떨어진 중학교를 자전거를 살 돈이 없어 일 년 내내 모든 친구들이 걸어서 통학을 하였다.

필자는 위와 같이 가난에 찌든 생활을 하였었는데, 박정희 대통령의 집권기간 동안 세계적으로도 유래가 없을 1인당 국민총소득을 약 21배나 증가시켜, 70년 말이 되니 빈곤에서 거의 해방되었고, 현재의 생활과 비교하여도 크게 부족함이 없게 되었으며, 그때 중화학 공장들의 건설로 기초를 닦아 놓았기 때문에 지금과 같이 경제가 발전할 수 있는 기틀이 되었다고 생각된다.

그 시대에 살지 않은 젊은 독자들은 그 사정을 직접 경험해 보지 못하여 잘 모르니까 박정희 대통령의 공을 모를 수도 있겠지만, 그런 경험을 직접 한 나이 든 사람들은 모두 알 것이라 생각된다.

하지만, 유신헌법 등의 반민주적인 헌법으로 18년간의 장기집권을 하였고, 그에 반대하는 집회를 통제하고, 반대하는 사람들을 억압하고, 감옥에 보내기도 하였던 일들은 박정희 대통령이 잘못한 일이 분명하다고 본다.

그 당시에 우리나라가 완전한 민주주의를 한꺼번에 정착하려 했다면, 오늘날 후진국을 면치 못하고 있는 동남아나 아프리카의 국가들처럼 자유가 방종이 되어 빈곤에서 헤어나지 못했을

거라고 주장하는 사람들이 많은데, 지금에 와서 그런 일을 증명할 방법이 없긴 하지만, 어쨌든 비약할 만한 고도성장을 이루어 놓은 결과를 본다면 그런 주장을 부정할 방법 또한 없다고 생각되며, 동 시대를 경험해온 필자도 그들의 의견에 동의할 수밖에 없다는 생각이 든다.

노조운동, 언론의 자유 등을 완전히 풀어주지 않고 국민들의 생활에 약간의 통제가 가미된 시장경제체제를 유지하고 있는 중국이 20년 전 정도부터 괄목할 만한 경제성장을 이루어 왔는데, 중국에서도 그와 같이 괄목할 만한 경제성장을 이루어 놓은 지도자들이 지금 아니면 10년, 20년 후에 국가를 망친 독재자들로 취급받고 있을지 의문이 든다.

필자가 박정희 대통령의 공을 일일이 이야기하므로 지금같이 우리나라가 양극화된 환경에서 반수 정도의 독자들께서는 필자가 다른 쪽 정치집단의 성향을 갖고 있기 때문일 거라고 오해할 수도 있겠으나, 필자와 같이 화장실에서 큰일을 보고 신문지로 뒤처리를 한 경험이 없어 박정희 대통령의 업적을 정말로 모르는 사람들이나, 아니면 극단적인 정치적 양극화에 의한 편 가르기에 광분하여 박정희 대통령의 업적을 억지로 끌어내리려는 사람들이 아니라면, 지금에 와서 박정희 대통령을 독재자일 뿐이라고 평가절하하는 일은 있을 수 없는 현상으로 보인다.

그렇다고 부모와 자식은 엄연히 별개의 인격체이므로 각자가 행동한 대로 공과를 받아야 함이 당연한데, 박정희 대통령의 업적을 빌미로 삼아 감옥에 가 있는 박정희 대통령의 딸인 박근혜 대통령을 옹호하려는 뜻은 아니고, 또한 그리 해서도 안 되는 일이라고 생각한다.

이 글에서 박정희 대통령의 공과를 구태여 꼬집어 이야기하는 것은 첫째는 새마을운동이라는 국민의식 개혁운동을 통하여 모든 국민들이 자신과 나라를 위해 정말 열심히 일한 결과로서 지금의 우리나라가 만들어진 역사적으로 전무후무한 개혁의 성과를 내었던 박정희 전 대통령의 성과를 거울삼아, 국민들의 도덕성 회복을 위한 제2의 국민의식 개혁운동을 전개하여 지금 우리나라가 처한 파국의 위기를 극복해보자는 취지이다.

둘째는 우리 사회의 극단적인 정치적 양극화에 의한 편 가르기와 집단이기주의에 의해, 상대편 흠 잡기의 일환으로 나타나는 역사왜곡의 확실한 사례를 들어 우리들 스스로 집단이기주의의 사고를 극복해 나가는 전기를 마련해보자는 취지이다.

물론 그런 고도성장의 기본에는 나라의 구성원인 국민들의 노력이 있었음은 물론이지만, 갑자기 나라의 경제가 번영하고 있는 중국, 베트남 같은 나라들을 보더라도 정치지도자들에 의한 정치체제의 안정이 나라의 고도성장을 이루는 데 얼마나 기여하고 있는지 알 수 있을 것이다.

한편 이 글을 쓰게 된 동기도 이런 국론분열이 계속된다면 우리나라가 다시 1960년대의 경제로 다시 돌아갈 수도 있다는 걱정이 크기 때문이었다.

극단적인 정치적 양극화에 의한 국론분열과 국민들의 편 가르기가 지속된다면, 우리나라가 다시 빈곤국가로 추락하지 않으면 이상할 정도의 국면으로 가고 있어, 우리 세대가 역사의 큰 죄인이 될 것이란 우려가 정말 현실이 되지 않도록 온 국민이 온 힘을 다 하여야 할 것 같은 생각이 든다.

백범일지

    백범 김구(金九) 선생님은 1876년에 황해도 해주에서 태어나, 상해 임시정부에 몸을 담기 전까지 국내에서 동학의 평등주의에 끌려 동학에 입도하기도 하였고, 교육활동을 하기도 했으며, 일본인 장교 살해, 총독을 암살할 음모 등으로 두 번이나 감옥에서 옥고를 치르셨다.

    일본 경찰의 감시 때문에 국내에서 독립운동이 어려워지자, 44세에 상해로 건너가 임시정부에 들어간 후, 경무국장, 내무총장, 국무령, 주석 등을 거치면서 1945년 해방이 되기까지 27년간 숱한 죽을 고비를 넘기며 우리나라의 독립을 위해 평생을 바치신 지도자이고 독립 운동가이시다.

    독자들께서도 대부분 백범일지를 읽어 보았겠지만, 혹여 아직 읽지 못한 분들을 위해 전 권을 읽지 않아도 되도록 필자 나름대로 백범일지에 있는 정수(精髓)들을 모아서 간추려 적어 보았다.

    구태여 백범일지를 소개하는 이유는 그 내용을 보면 아시겠지만 "애국심, 인류애, 교육의 중요성, 자유와 방종, 우리 문화의 창달, 국론분열의 결과, 개인의 이기심" 등 선생님께서 하신 말씀들이, 지금 우리나라가 처한 위기상황을 슬기롭게 극복하는 데 꼭 필요한 지혜들이 많아, 우리나라 정치인들을 비롯한 독자들이 꼭 일독을 하면 좋겠다는 바람에서이다.

필자는 도서관에서 백범일지를 읽고 깊은 감명을 받아, 백범일지와 함께 난중일기를 구매하여 현재까지 책장에 보관하고 있는데, 나중에 우리 손주들이 읽고 나라를 사랑하는 마음을 가졌으면 좋겠다는 바람에서였다.

백범일지 상권의 "이 책을 읽는 분에게"라는 머리말에 백범일지를 쓰게 된 동기에 대한 말씀이 있다.

「애초에 이 글을 쓸 생각을 한 것은 내가 상해에서 대한민국 임시정부의 주석이 되어서, 내 몸에 죽음이 언제 닥칠지 모르는 위험한 일을 시작할 때에 당시 본국에서 들어와 있던 어린 두 아들에게 내가 지낸 일을 알리자는 동기에서였다. 이렇게 유서 대신으로 쓴 것이 이 책의 상권이다.」

「내 나이 칠십을 바라보아 앞날이 많지 아니하므로 주로 미주와 하와이에 있는 동포를 염두에 두고 민족운동에 대한 나의 경륜과 소회를 고려하고 쓴 것이다. 이것 역시 유서라 할 것이다.」

「내가 이 책을 발행하기에 동의한 것은 내가 잘난 사람으로서가 아니라 못난 한 사람이 민족의 한 분자로 살아간 기록이기 때문이다. 백범(白凡: 평범한 사람)이라는 내 호가 이것을 의미한다.」

「더 간절히 바라는 것은 저마다 이 나라를 제 나라로 알고 평생에 이 나라를 위하여 있는 힘을 다하게 되는 것이다. 나는 이러한 뜻을 가진 동포에게 이 "범인의 자서전"을 보내는 것이다.」

상권의 내용 중에는 다음과 같은 말씀들이 있다.

「집이 원래 궁벽한 산촌인 데다가 빈한한 우리 가세로는 명의나 영약을 쓸 처지도 못 되어서, (중략) 내가 단지(병이 위중할 때 그병을 낫게 하기 위해 손가락을 잘라 피를 내어 먹이는 일)를 하는 것을보시면 어머니가 마음 아파하실 것이 두려워서 단지(斷指) 대신에내 넓적다리의 살을 한 점 베어 피는 받아 아버지의 입에 흘려넣고 살은 불에 구워서 약이라고 하여 아버지가 잡수시게 하였고」, 백범선생께서는 나중에 그 후유증으로 고생을 하셨다고 기술하셨다.

그는 옥중에서 이름 김구(金龜)를 김구(金九)라 바꾸고, 당호 연하(蓮下)를 버리고 백범(白凡)으로 바꾸었으며, 「백범(白凡)이라 함은 우리나라에서 가장 천하다는 백정(白丁)과 무식한 범부(凡夫)까지 전부가 적어도 나만한 애국심을 가진 사람이 되게 하자 하는 내 원을 표현한 것이니」라 하셨다.

「나는 감옥에서 뜰을 쓸고 유리창을 닦을 때마다 하느님께 빌었다. 우리나라가 독립하여 정부가 생기거든 그 집의 뜰을 쓸고유리창을 닦는 일을 하여보고 죽게 하소서 하고」

백범일지 하권의 머리말에는 아래와 같은 말씀이 있다.

「내가 지금 이것을 쓰는 목적은 해외에 있는 동지들이 내 50년 분투 사정을 보고 허다한 과오를 은감(거울삼아 경계하여야 할 전례)으로 삼아서 복철(이전에 실패한 자취)을 밟지 말기를 원하는 노파심에 있는 것이다.」

「만일 누가 어떤 모양으로 죽는 것이 네 소원이냐 한다면, 나는 최대한 욕망은 독립이 다 된 날 본국에 들어가 영광의 입성식을 한 뒤에 죽는 것이지마는 적어도 미주와 하와이에 있는 동포들을 만나보고 오는 길에 비행기 위에서 죽어서 내 시체를 던져 그것이 산에 떨어지면, 날짐승·길짐승의 밥이 되고 물에 떨어지면 물고기의 뱃속에 영장하는 것이다, 라고 대답할 것이다.」

「나의 칠십 평생을 회고하면 살려고 하여 산 것이 아니요, 살아져서 산 것이고 죽으려고 하여도 죽지 못한 이 몸이 필경은 죽어져서 죽게 되었다.」

백범 김구 선생의 일대기는 아래와 같다.

☐ 17세에 조선의 마지막 과거인 경과를 해주에서 보고 과거장에서 회의를 느껴 벼슬길을 포기하고, 18세에 동학의 평등주의에 반하여 동학에 입문하며, 이름을 김창암에서 김창수(金昌洙)로 바꾸고, 이 후 동학난에 실패하여 황해도 신천 안태훈(안중근의 부친)의 집에 피신하였다.

☐ 22세에 황해도 한 주막에서 민비 시해 사건의 울분으로 못 참

고, 일본 육군 중위 쓰시다를 살해하여 세간에 알려지게 되었으며, 세달 뒤 인천 감옥에서 사형선고를 받았으나, 1년 뒤에 감옥을 탈출하였다.

□ 23세에 삼남으로 도피하여 마곡사에서 스님이 되었고 25세에 이름을 김창수(金昌洙)에서 김구(金龜)로 바꾸고 호는 연하(蓮下)로 하였다.

□ 감옥에 있는 동안 나라의 자주독립을 위해 백성을 지혜롭게 만들어야 함을 느끼고, 이동녕, 안창호, 양기탁 등과 함께 비밀운동단체인 신민회를 결성하고, 사범강습회를 열어 교사를 양성하며 교육활동에 전념하였다.

□ 28세에 기독교가 애국계몽운동에 활발히 참여하므로 기독교에 입문하여 감리교회의 의법 청년회 총무가 되어 독립운동가들과 함께 을사조약반대 상소운동을 주도했다.

□ 36세에 안명근(안중근의 사촌)과 공모하여 총독을 암살할 음모를 하고, 독립운동을 하려 부자의 돈을 강탈하였다는 이유로 15년 징역을 언도받아 서대문 감옥에 수감되었다.

□ 37세에 옥중에서 이름 김구(金龜)를 김구(金九)라 바꾸고, 당호 연하(蓮下)를 버리고 백범(白凡)으로 바꾸었다.

□ 44세에는 3·1 만세운동으로 일본경찰의 감시로 국내에서 독립운동이 어려워져 중국 상해로 건너가 임시정부에 들어갔다.

□ 52세에 임시정부의 경무국장, 내무총장, 국무령, 주석의 자리에 올랐지만 일제의 탄압과 국내 원조자금의 감소 등으로 임시정부

의 사정은 점점 악화되었다.

□ 53세에 백범일지 집필을 시작하였다.

□ 56세에 한인애국단을 조직하여 애국단원인 이봉창과 윤봉길을 통해 일왕저격사건과 홍구공원 폭탄투척 사건을 일으켰다.

□ 일본이 중국 전역으로 세력을 넓혀오자 일본군에게 쫓기어 임시 정부를 항주, 진경, 광주, 장사, 서안 등으로 옮기며 독립군을 훈 련시키는 군관학교를 세우고 일본 군사시설의 파괴 등 활동을 전개하였다.

□ 65세에 광복군을 조직해 일본에 선전포고를 하지만 이러한 일련 의 노력들에 대한 보람도 없이 일본이 연합군에 항복하여 광복 을 맞았다.

□ 1945년 12월 19일 임시정부 환영대회에서 「임시정부는 결코 어 떤 일파의 정부가 아니라 전 민족 각 계급 각 당파의 공통 이해 에 입각한 민족단결의 정부」임을 역설하여 국론의 분열을 경계하 였다.

□ 1945년 12월 28일 모스크바 삼상회의에서 5년간 신탁통치를 하 기로 하여 남·북에 각각 정부가 수립되어 결사적으로 반탁운동 을 전개하였다.

□ 1949년 6월 26일 한독당의 당원이었던 안두희에게 저격당하여 74세의 나이로 서거하셨다.

하권 끝에 붙인 "나의 소원"을 쓰신 동기가 있고, 내용은 "민족 국가, 정치 이념, 내가 원하는 나라"의 세 부분으로 나뉘어져 있다.

「하권 끝에 붙인 "나의 소원" 한 편은 내가 우리 민족에게 고하고 싶은 말의 요령을 적은 것이다. 우리는 우리의 철학을 갖고, 세우고, 주장하여야 한다. 이것을 깨닫는 날이 우리 동포가 진실로 독립정신을 가지는 날이요. 독립하는 날이다. "나의 소원"은 이러한 동기, 이러한 의미에서 실린 것이다. 다시 말하면 내가 품은, 내가 믿는 우리 민족 철학의 대강령을 적어 본 것이다.」

● 민족 국가

「네 소원이 무엇이냐 하고 하느님이 물으시면 나는 서슴지 않고 "내 소원은 대한 독립이오." 하고 대답할 것이다. 그 다음 소원은 무엇이냐 하면 나는 또, "우리나라 독립이오." 할 것이요, 또 그 다음 소원이 무엇이냐 하는 세 번째 물음에도 나는 더욱 소리 높여서 "나의 소원은 우리나라 대한의 완전한 자주 독립이오." 하고 대답할 것이다.」

「나는 일찍이 우리 독립정부의 문지기가 되기를 원하였거니와, 그것은 우리나라가 독립국만 되면 나는 그 나라의 가장 미천한 자가 되어도 좋다는 뜻이다.」

「일본에 갔던 박제상이 "내 차라리 계림(신라)의 개, 돼지가 될지언정 왜왕의 신하로 부귀를 누리지 않겠다." 한 것이 그의 진정이었던 것을 나는 안다. 제상은 왜왕이 높은 벼슬과 많은 재물을 준다는 것도 물리치고 달게 죽임을 받았으니 그것은 "차라리 내 나라의 귀신이 되리라" 함이었다.」

「세계 인류가 너나없이 한 집이 되어 사는 것은 좋은 일이요, 인류의 최고요, 최후인 희망이요, 이상이다.」

「현실의 진리는 민족마다 최선의 국가를 이루고 최선의 문화를 낳아 길러서 다른 민족과 서로 바꾸고 서로 돕는 일이다. 이것이 내가 믿고 있는 민주주의요. 이것이 인류의 현 단계에서 가장 확실한 진리다.」

「우리 민족으로서 하여야 하는 최고의 임무는, 첫째로 남의 절제도 아니 받고 남에게 의뢰도 아니 하는 완전한 자주 독립의 나라를 세우는 일이다.」

「오직 사랑의 문화 평화의 문화로 우리 스스로를 잘 살고 인류 전체가 의좋게, 즐겁게 살도록 하는 일을 하자는 것이다.

「나는 우리나라의 청년 남녀가 모두 과거의 조그맣고 좁다란 생각을 버리고, 우리 민족의 큰 사명에 눈을 떠서, 제 마음을 닦고 제 힘을 기르기로 낙을 삼기를 바란다.」

● 정치 이념

「자유란 무엇인가, 절대로 각 개인이 제멋대로 사는 것을 자유라 하면, 이것은 나라가 생기기 전이나 저 레닌의 말 모양으로 나라가 소멸된 뒤에나 있을 일이다. 국가 생활을 하는 인류에게는 이러한 무조건의 자유는 없다. 왜 그런가 하면 국가란 일종의 규범의 속박이기 때문이다. 국가생활을 하는 우리를 속박하는 것은 법이다.」

「모든 생물에는 다 환경에 순응하여 저를 보존하는 본능이 있으므로 가장 좋은 길은 가만히 두는 길이다. 작은 꾀로 자주 건드리면 이익보다도 해가 많다. 개인 생활에 너무 잘게 간섭하는 것은 결코 좋은 정치가 아니다.」

「국론, 즉 국민의 의사내용은 그때 그때의 국민의 언론전으로 결정되는 것이어서 어느 개인이나 당파의 특정한 철학적 이론에 좌우되는 것이 아님이 미국식 민주주의의 특색이다.」

「남의 나라의 좋은 것을 취하고 내 나라의 좋은 것을 골라서 우리나라의 독특한 좋은 제도를 만드는 것도 세계의 문운(文運)에 보태는 일이다.」

● 내가 원하는 우리나라

「내가 남의 침략에 가슴이 아팠으니 내 나라가 남을 침략하는 것을 원치 아니한다.」

「인류가 현재 불행한 근본 이유는 인의가 부족하고 자비가 부족하고 사랑이 부족한 때문이다.」

「나는 우리나라가 남의 것을 모방하는 나라가 되지 말고 이러한 높고 새로운 문화의 근원이 되고 목표가 되고 모범이 되기를 원한다.」

「우리의 적이 우리를 누르고 있을 때에는 미워하고 분해하는 살벌, 투쟁의 정신을 길렀었거니와 적은 이미 물러갔으니 우리는 증오와 투쟁을 버리고 화합의 건설을 일삼을 때다.」

「집안이 불화하면 망하고 나라 안이 갈려서 싸우면 망한다. 동포 간의 증오와 투쟁은 망조다. 우리의 용모에서는 화기가 빛나야 한다. 우리 국토 안에는 춘풍이 화창하여야 한다. 이것은 우리 국민 각자가 한 번 마음을 고쳐먹음으로 되고 그러한 정신의 교육으로 영속될 것이다.」

「최고의 문화로 인류의 모범이 되기를 사명으로 삼는 우리 민족의 각원은 이기적 개인주의여서는 안 된다. 우리는 개인의 자유를 극도로 주장하되 그것은 저 짐승들과 같이 저마다 제 배를 채우기에 쓰는 자유가 아니요. 제 가족을, 제 이웃을, 제 국민을 잘 살게 하기에 쓰이는 자유다. 공원의 꽃을 꺾는 자유가 아니라 공원의 꽃을 심는 자유다.」

「우리는 남의 것을 빼앗거나 남의 덕을 입으려는 사람이 아니라, 가족에게, 이웃에게, 동포에게 주는 것을 낙으로 삼는 사람이다.」

「계급투쟁은 끝없는 계급투쟁을 낳아서 국토에 피가 마를 날이 없고 내가 이기심으로 남을 해하면 천하가 이기심으로 나를 해할 것이니, 이것은 조금 얻고 많이 빼앗기는 법이다.」

「세계 인류가 모두 우리 민족의 문화를 이렇게 사모하도록 하지 아니하려는가. 나는 우리의 힘으로, 특히 교육의 힘으로 반드시 이 일이 이루어질 것을 믿는다.」

「내 나이 이제 칠십이 넘었으니 몸소 국민교육에 종사할 일이 넉넉지 못하거니와 나는 천하의 교육자와 남녀 학도들이 한 번 크게 마음을 고쳐먹기를 빌지 아니할 수 없다.」

보통 사람이 본 대한민국

제3장

인간

나의 유언

필자는 한때 어떤 집안에는 가훈이 있다는데 나도 자식들을 위해 가훈을 한번 만들어 볼까 하는 생각을 해 본 적이 있었다.

하지만 가훈이라는 게 길어야 한 줄로 된 문장 정도일 텐데, 한 줄로 된 문장에 담을 수 있는 말이란 한계가 있을 것 같다는 생각을 하게 되었다.

그리하여 다시 곰곰이 생각해보면서 가훈이라 할 수도 있고 유언이라고 할 수도 있도록, 필자의 경험을 토대로 우리 자식들이 행복하게 바른 삶을 영위하고, 또 살다보면 누구나 큰 어려움에 봉착할 수도 있는데, 그 때에 좌절하지 않고 극복해 낼 수 있는 한 페이지 정도의 좋은 글을 만들어 남기는 게 좋겠다는 생각을 갖게 되었다.

그래서 나름대로 열심히 수정하고 수정하여 이제는 수정할 게 없다고 생각되어 광고를 만드는 인쇄소에서 천에 인쇄를 하여 거실에 걸었는데 다시 보니 마음에 들지 않는 글귀들이 생겨 그 작업을 수차례 반복하였다.

이 글을 마지막으로 마무리 할 때까지 최종적으로 쓴 "삶"이란 글이 다음 페이지의 글이다.

한 페이지에 부모로서 자식들에게 해줄 수 있는 말들을 글자 한 자 한 자에 정성을 담아서 썼다고 나름 생각을 했지만, 과연 자식들이 그 의미를 되새겨 볼까하는 노파심에서 주석을 달아 본 것이 뒤 부분의 설명이다.

필자 개인의 가훈이자 유언이지만 젊은 독자들과 공유를 해 보는 것도 나쁘지 않겠다는 생각에 생뚱맞은 감은 있지만, 다음 페이지에 실었다.

독자들께서는 한 인간이 세상을 살아오면서 고뇌를 해 본 발 자취이구나 하고 부담 없이 읽어보거나, 아니면 건너뛰어도 좋을 것 같다.

삶

세상 만물은 서로 맺는 인연으로

하늘에 떠 있는 구름과 같이,

끊임없이 온갖 형상으로 변화되며,

얽혀진 인연들로 세상엔 별별 일이 다 생깁니다.

인간으로 태어나 세상 구경을 하고

있음은 크나큰 행운입니다.

함께 어울려 살아야 하므로

감정과 욕구를 조절하여야 하고,

좋은 성격과 습관을 길러야 하며,

세상을 바로 보려면 무지, 욕심, 편견,

불안, 세뇌 등을 경계하여야 합니다.

사는 데 필요한 지식과 기술들을 배우고 익히며,

이런 저런 이들과 어울리어

나름의 즐거움과 보람을 일구며 삽니다.

인간은 누구나 자신의 삶이 무엇이고, 어떻게 살아야 하는지를 고민하지만 누구도 그리고 어떤 종교도 모든 사람들이 공감할 수 있는 인간의 삶에 대한 정의를 내놓지는 못하는 것 같다.

이 글은 사람들이 행복하게 바른 삶을 영위하고, 큰 어려움에 봉착했을 때에도 좌절하지 않고 극복해 나갈 수 있는 힘을 주기 위하여 삶이란 무엇인지를 오랫동안 고뇌하여 삶에 대해 나름대로 정리한 글이다.

맨 앞의 소절은 자연의 섭리에 관한 것이다.

인간도 자연계의 한 생물이며 자연의 섭리로 태어났으므로 자연의 섭리를 알아야 과연 인간이 무엇인지를 알 수 있다고 본다.

세상 만물은 서로 간의 연관된 역학적 관계(이를 인연(因緣)이라고 표현함)에 따라 잠시도 멈추어 있지 않고 끊임없이 서로에게 영향을 미치면서 생성과 소멸을 거듭하며 변화한다.

가만히 정지해 있어 보이는 산 위의 큰 바위조차도 바위를 구성하는 원자 내 전자등 소립자들의 운동은 끊임없이 일어나고, 주변의 온도변화, 수분변화 등에 따라 바위가 수축과 팽창을 거듭하고, 지하의 지각변동의 힘을 받아 조금씩 위치가 이동된다.

장구한 세월이 지나면 위치가 변할 뿐만 아니라 연약해 보이는 바람과 물에 의해서도 흙으로 변화하는 풍화가 일어나고, 지구의 자전과 공전에 의해 끊임없이 태양계 내에서 위치가 변화되는 등 주변의 여러 역학적 영향을 받아 끊임없이 변화하고 있다.

하늘에 떠 있는 구름을 쳐다보며 그 모양이 천변만화하고 있음을 보고, 세상 만물은 시간과 정도가 다를 뿐 모두가 그러함을 알 수 있을 것이다.

이와 같이 세상 만물은 서로 간에 맺는 인연으로 온갖 현상이 나타나니, 서로 얽혀진 여러 자연의 역학관계에 따라 인간으로서 극복하기 어려운 태풍, 지진 등과 같은 자연재해가 일어나기도 하여 수많은 사람들이 목숨을 잃는 일도 생긴다.

서로 얽혀진 여러 인문사회의 역학관계에 따라 열심히, 성실히, 착하게 살면서 좋은 인연을 많이 쌓아 온 사람이라도 갑자기 불행을 당하거나, 좋은 인연을 쌓지 않은 사람이라도 갑자기 횡재를 하는 행운을 얻는 등 세상엔 별별 일들이 다 생긴다.

"콩 심은 데 콩 난다."라는 말이 있듯이 어떤 사건에 대한 직접적인 주된 원인(인: 因)인 콩을 심어 새싹이 난다면 팥이 아닌 콩이어야 함은 분명하지만, 간접적인 원인(연: 緣)인 주변 토양의 여건, 기후의 여건, 심은 콩을 새가 먹어 치우는 등 수많은 주변의 조건들에 의해 콩이 나지 않을 수도 있는 것과 같다고 본다.

콩 심은 데 대부분 콩이 나듯이 어떤 현상의 직접적인 원인인 인(因)을 잘 쌓으면 좋은 결과가 나타날 수 있는 확률이 매우 높은 것이 사실이기 때문에 다른 사람들을 해롭게 하는 행동을 하지 말고 살아야 하는 이유일 것이다.

하지만, 돈을 딸 확률이 현저히 적은 도박장에서 도박을 하면 대부분은 돈을 잃지만, 아주 일부 사람들은 돈을 따기 때문에 사람들이 도박장을 찾듯이, 나쁜 일을 행한 사람에게도 주변의 간접적인 원인인 연(緣)에 따라 적은 수이지만 행운을 받는 수도 있기 때문에 우리 인간 사회에 나쁜 일이 근절되지 않고 있는 것 같다.

어떠한 사건이 일어나기까지 얽혀있는 인연들이 너무 복잡하여 그 모든 자연현상들과 인문사회현상들을 정확히 모를 뿐이지, 인연이 없이 일어나는 일은 없음을 알고, 혹여 감당하기 어려운 일이 생기더라도 피할 수 없었던 일로 받아들여 이를 극복해야 한다.

만약, 인간 세상에 불행한 일이 일어날 수 있는 얽혀진 모든 인연들을 미리 알 수만 있다면 불행한 일들이 일어나지 않도록 대처할 수도 있겠지만, 불행히 아무리 과학이 발전되어도 어떤 사건들이 일어날 얽혀진 모든 인연들을 미리 알기는 불가능하다.

이 세상에 존재하는 만물 중에서 우리가 부모를 인연으로 하여 지능이 가장 높아 만물의 영장인 인간으로 태어나 자연의 섭리를 이해하고, 이 세상을 있는 그대로 구경할 수 있는 능력을 가진 인간으로 태어났음은 그야말로 크나큰 행운이 아닐 수 없는 것이다.

우리가 헤아릴 수 없이 적은 확률로서 인간으로 태어났음을 이해한다면 자신이 어떠한 어려운 여건에 처하더라도 그 여건을 받아들여 긍정적으로 열심히 살아가면서 이를 극복할 수 있는 마음가짐이 되어 있어야 한다.

산과 들에 있는 수많은 초목들이 자연의 섭리로 태어나서 살다 죽는 데 특별한 목적이 없듯이 인간으로 태어나서 살다 죽는 데도 어떤 목적이 있다고 할 수 없으며, 오히려 그 어려운 확률 속에서 기왕에 인간으로 태어났으니 인간으로서 행복하게 살다가 죽을 권리와 의무가 있다고 할 수 있겠다.

중간 소절은 사회적 동물인 인간이 사는 방법에 관한 것이다.

인간은 감각이 있고, 감정이 풍부하며, 욕심이 있고, 지능이 높아, 주변 사람들과 함께 어울려 생활을 할 수밖에 없는 사회적 동물이다.

인간은 기쁨, 행복, 분노, 시기·질투심, 두려움, 불안감 등의 감정이 쉽게 일어나, 긍정적인 면이 있는 반면에 부정적인 면이 공존하는 것 같다.

다른 사람들을 배려하며 함께 살아야 하는 세상에서 자신의 감정을 모두 표출하며 살거나 자신의 욕심만을 지나치게 부린다면 다른 사람들의 권리를 침해하게 되므로, 사회적 환경에 적응하여 행복한 삶을 누리기 위해서는 자신의 감정과 욕구를 적당히 조절하며 살 수밖에 없을 것이다.

또한, 다른 사람들과 함께 어울려 사는 사회적 환경에 적응하여 행복한 삶을 누리며 살기 위해서는 스스로 좋은 성격과 습관을 길러야 할 것이다.

인간은 살면서 말하고 행동하는 데 헤아릴 수 없이 많은 판단이 요구되므로 올바른 판단을 위해서는 모든 관련되는 사실과 정황을 정확히 인식하여야 한다.

그러나 무지, 욕심, 편견, 불안, 세뇌 등에 의해 사물을 보는 기준이 잘못되거나 왜곡되면 사실과 정황을 정확히 인식할 수 없으므로 이러한 요인들을 늘 순간순간 경계하며 살아야 할 것 같다.

마지막 소절은 인간 개개인이 살아가는 방법에 관한 것이다.

자연의 섭리와 인간의 본성을 바로 알아 삶의 지혜를 바로 알면, 살아가면서 겪게 되는 아무리 큰 어려움이라도 능히 극복할 수 있고, 주변 사람들과 좋은 인간관계를 맺으면서 긍정적인 마음으로 행복한 삶을 누릴 수 있는 기본을 갖추었다고 볼 수 있을 것 같다.

인간은 누구나 사회적 생활을 통해 의식주를 해결하면서 살아가야 하므로 사회생활을 하면서 살아가는 데 필요한 지식과 기술들을 배우고 익힐 수밖에 없다.

자신이 위치한 환경에서 자신과 다른 성격을 가진 여러 부류의 사람들과 함께 어울려 살 수밖에 없고, 자신만의 즐거움과 보람을 스스로 찾아 행복한 자신의 삶을 누릴 권리와 의무를 갖고 있다 하겠다.

나의 어린 시절에는 전기도 안 들어오고, 전화, 신문, 라디오, TV도 당연히 없이 오직 들, 산, 하늘만 바라보면서 외부 세상과 거의 단절된 삶을 살았다.

그러나 지금은 우리 사회의 큰 덕을 보아 인터넷에 들어가면 세상사를 모두 알 수 있고, 휴대폰으로 수십만 리나 떨어진 외국에 있는 친구와도 실시간으로 소통을 할 수 있도록 잘 살고 있다.

한 사람이 수 세기의 여행을 하고 있는 기분으로 더 이상 바라는 것도 없이 행복감을 느끼면서 "세상 구경 한번 잘 했다!" 하는 마음으로 우리 사회에 감사하며 살고 있다.

편견

    편견을 사전적 의미로 보면 "한쪽으로 치우친 공정하지 못한 생각이나 견해"라고 한다.

    편견이란 여러 가지 원인에서 어떤 사물이나 현상을 보는 시각이 한쪽으로 치우치는 고정관념이 생겨 사물과 현상을 제대로 된 시각으로 보지 못하게 되는 마음상태를 말하는 것 같다.

    사람의 두뇌는 기억력, 사고력, 분석력, 판단력 등의 엄청난 능력을 가지고 있음에도 불구하고, 외부의 특정 환경에 반복적으로 노출되면 사상, 주의, 신념 등이 쉽게 바뀌어 편견을 갖게 되고, 신체적, 정신적 상태에 따라 두뇌가 쉽게 불안정한 상태로 되어 불안감 등을 갖게 되는 것 같다.

    이와 같이 사람의 마음을 지배하는 인간의 두뇌는 어느 누구도 완전할 수 없어, 아무리 경험이 많고 아무리 머리가 좋은 사람이라 할지라도 자신도 모르게 편견이 생길 수밖에 없어, 모든 사물이나 현상을 언제 어디서나 항상 올바르게 볼 수는 없다.

따라서 완전한 인간은 없는데도 불구하고 어떤 대상을 두고 판단을 할 때 사람들은 자기중심적이므로 자신의 생각이 대부분 옳다고 믿고 다른 사람의 생각이 틀리다고 생각하는 경우가 종종 생기는 것 같다.

편견이 생기는 원인은 많으며, 어떤 사물이나 현상을 보는 시각 즉 마음가짐이 옳게 형성되지 못하도록 잘못된 시각을 옳다고 하며 반복적으로 노출시키면 그런 사물과 현상을 보는 시각이 그리 변하고 굳어져 고정관념이 생기면서 추후에 그런 사물이나 현상을 보았을 때 자신에게 습득된 고정관념대로 판단하게 된다.

설사 반복적인 노출이 아니더라도 자신이 믿고 신뢰하는 사람이 말했다거나, 군중집회를 통한 군중심리의 영향을 받거나, 자신이 직접 겪었던 일과 같이, 비록 한번이라도 매우 강한 영향을 받을 수 있는 경험을 했을 때는 사물이나 현상을 보는 시각이 그렇게 굳어져 마찬가지로 편견이 생기는 것 같다.

그 외에도 욕심에 의해 어떤 사물이나 현상을 자신이 보고 싶은 대로 보고 믿는다거나, 어떤 사물이나 현상과 유사한 것을 경험하면서 굳어진 신념으로 편견이 생길 수 있는 등 편견이 생기는 원인은 많은 것 같다.

인간의 두뇌는 완전할 수 없으므로 누구나 자신이 어떤 사물이나 현상을 보는데 편견을 갖고 있을 수 있다고 생각하면서 꾸준한 자기 성찰로 편견이 없이 사물을 볼 수 있는 자세와 능력을

보통 사람이 본 대한민국

길러야 할 것 같다.

편견은 줄일 수는 있지만, 완전히 없애기는 불가능하다는 점을 알고 자신이 아무리 믿고 신뢰하는 사람의 말일지라도 때로는 의문을 갖고 냉철히 되짚어 보아야 한다.

또한 자신이 직접 겪은 현상이라도 그 현상을 만드는 조건에는 아는 조건도 있지만 모르는 조건들도 많이 있기 때문에 반드시 자기가 경험할 때의 조건과 일치하지 않을 수도 있다고 생각해야 한다.

노란색 선글라스를 쓰고 보면 모든 사물들이 노란색이 가미된 색상으로 보여 사물의 정확한 색깔을 알기 어렵듯이 한 번 사물과 현상을 보는 자신의 마음에 편견이 개입되면 마치 선글라스를 쓴 듯 늘 편향된 시각으로 사물을 볼 수밖에 없다고 한다.

한 번 내 마음속에 자리 잡은 편견은 그 편견이 깨질 때까지 항상 사물을 보는 시각에 영향을 주어 중요한 일을 그르칠 수도 있다.

사람은 자신의 마음속 편견을 거를 수 있는 필터가 없으므로 누구에게나 어떤 사물이나 현상을 보는 시각에 편견이 있을 수 있어 옳지 못한 판단을 할 수 있음을 알고 항상 경계하며 살아야 하는 마음작용이라 할 수 있겠다.

불안감

불안감의 사전적 의미는 "마음이 편하지 않고 초조한 느낌"이라 한다.

불안은 자신에게 위험하지 않은 상황임에도 불구하고 과도하게 위험한 마음이 들어 초조한 감정을 불러일으키는 것 같다.

불안의 원인은 많으며, 만성적으로 걱정이나 근심이 많아 여러 신체적, 정신적 증상이 나타나는 불안 장애도 있을 수 있고, 마음이 약한 사람에게 오는 습관적인 불안상태도 있을 수 있으며, 충격적인 사건에 대해 잘못 학습된 반응의 결과로 나타날 수도 있다고 한다.

인간의 두뇌는 기억력, 사고력, 분석력, 판단력 등의 엄청난 능력을 갖고 있음에도 불구하고 외부의 특정 환경에 반복적으로 노출되면 사상, 주의, 신념 등이 쉽게 바뀌어 편견을 갖게 되고, 신체적, 정신적 상태에 따라 두뇌가 쉽게 불안정한 상태로 되어 불안감 등을 갖게 되는 것 같다.

보통 사람이 본 대한민국

과도하게 불안한 마음이 생기면 걱정, 근심, 초조, 조급함 등의 현상이 나타나 어떤 사물이나 현상을 있는 그대로 보지 못하여 어떤 결정을 할 일이 생길 때 판단을 그르치는 경우가 생기는 것 같다.

주변 사람들 중 최저가 입찰에서 자신들 회사의 기술능력, 신용도 등의 평가 점수가 타사보다 훨씬 높은데도 불구하고 떨어지면 어쩌나 하는 불안감이 생겨 입찰가격을 과도하게 낮추어 응찰함으로써 수주를 하고도 큰 손해를 보아 회사의 경영에 어려움을 겪는 경우들을 보았다.

정치인들도 간혹 불안감을 이용하여 만약 자신들을 정권을 잡지 못하면 국가가 큰 어려움에 처할 수 있다는 이슈를 만들어 유권자들에게 불안감을 조성하는 일이 있는 것 같다.

상품을 홍보하는 상술에서도 제품이 품절위기라는 말로 불안감을 조성하여 제품이 품절되기 전에 빨리 사도록 유도하거나, 일부 종교에서는 종말론을 내세워 불안감을 조성하여 자신들의 종교를 믿도록 유도하는 등 여러 방면에서 이용되고 있는 것 같다.

우리가 어떤 중요한 판단을 해야 할 때는 자신이 내·외부적인 요인에 의해 마음의 상태가 안정되지 못한 불안한 상태임에도 판단을 해야 하는지 점검하여 판단에 오류가 없도록 하여야 할 것 같다.

욕구와 욕심

사전적 의미로 욕구란 "무엇을 얻고자 하거나 무슨 일을 하고자 하는 바람"이라 한다.

사람은 태어나면서부터 뇌에 기본적으로 탑재된 생명을 유지하기 위한 행동으로 숨을 쉬기 위해 울고, 젖을 먹기 위해 어머니의 젖을 찾는 등 생리적인 기본적 욕구가 있고, 살아가면서 보람과 행복을 얻기 위해 여러 가지의 심리적 욕구가 생기듯, 자라면서 추가로 탑재되는 욕구들이 있는 것 같다.

사람은 태어날 때부터 가지는 생리적인 기본욕구 외에도 수많은 후천적인 심리적 욕구가 있지만, 동물들은 생리적인 기본욕구는 있지만 후천적인 심리적인 욕구는 없거나 있더라도 아주 낮은 수준인 것 같다.

조금 더 자세히 살펴보면, 사람은 생명체로서 유지되고 성장하기 위한 선천적인 개념의 생리적 욕구로 음식, 공기, 수면, 휴식, 성 등에 대한 욕구가 있고, 자라면서 자신의 주체를 인식하기 시작하면서 부, 권력, 명예, 자존감 등으로 보람을 얻어 행복감을 느끼려는 심리적 욕구들이 생기는 것 같다.

후천적인 심리적 욕구는 환경에 따라 경험과 학습이 다르므로 개인차가 생겨 사람마다 주된 심리적 욕구가 다르고, 욕구의 정도도 다르며, 욕구를 충족시키는 방법도 다른 것 같다.

따라서 사람의 욕구는 무엇을 얻고자 하거나 무슨 일을 하고자 하는 바람이므로 욕구는 모든 사람이 갖는 기본적이고 필수적인 권리인데도, 여러 사람이 함께 사는 세상에서 어쩔 수 없이 만들어질 수밖에 없는 소유의 개념 때문에 사회적 불균형으로 원하는 욕구가 다 채워지지 않아 범죄로 발전될 수도 있는 것 같다.

욕심은 사전적 의미로 "어떠한 것을 정도에 지나치게 탐내거나 누리고자 하는 마음"이라 한다.

욕심은 욕구가 없는 곳에서는 존재할 수 없고, 욕심이 지나치다는 말은 주관적일 수 있으므로 객관화하면 적어도 욕구의 수준이 평균 이상으로 지나치게 높다는 말이 될 것 같다.

평균 이상이라면 양에 대한 어떤 기준을 설정해야 할 텐데 예로 들면 식사량을 기준으로 볼 때 사람의 개인차를 감안하지 않고 그냥 1인당의 식사량으로 한다면 연령별 또는 덩치가 큰 사람이나 작은 사람에 대한 식사량과 같이 양의 기준이 달라질 수 있다.

평균 이상이란 그 기준을 객관화하는 방법에 따라 논란의 여지가 많은 것이 현실이므로 딱히 매사에 대해 객관적 기준을 내세우기는 곤란한 것 같고 본인의 양심에 관한 주관적인 문제일 수도 있겠다.

돈이나 권력에 대한 욕심을 들어 보면, 욕심은 처음부터 정해지는 것이 아니라 시간이 지날수록 점점 커져 끝이 없는 것 같다.

욕심이 클수록 다 채우기가 어렵고, 채워지지 않으면 행복감을 덜 느낄 수밖에 없어, 사람은 욕심을 적게 가질수록 행복감은 더 커진다는 사실을 대부분의 사람들이 이미 알고 있으므로, 우리는 자신의 행복을 위하여 자신의 욕심을 평균 이하로 줄이는 게 더 쉬운 방법인 것 같다.

그리고 보면 욕심이란 사람들 욕구의 평균 이하도 될 수 있으므로 주관적인 요소가 가미되어 판단할 수밖에 없다고도 할 수 있겠다.

우리 인간은 자존감이 높아지면 삶이 행복해지고, 자존감이 낮아지면 불행해지는데, 자존감은 성공을 욕구로 나눈 값이라고 하니, 결국은 자기의 목표를 적게 잡을수록 행복할 확률은 높아지는 것 같다.

결국은 우리가 행복해지는 데는 굉장한 노력을 하여 성공을 키우거나 아니면 자신의 욕구를 줄이는 방법이 있으므로, 욕구 즉 목표를 조절하는 일은 쉽게 우리의 삶의 질을 향상시킬 수 있는 방법이 될 것 같다는 생각이 든다.

두뇌

    사람의 두뇌는 약 1,000억 개 이상의 뉴런을 포함하는 신경 세포가 집합하여 온몸의 신경을 지배하고 있는 부분으로 신체의 항상성을 유지시켜 사람의 생명활동에 있어서 중요한 역할을 담당한다고 한다.

    여러 기관의 정보를 모아, 인지, 감정, 기억, 학습 등을 담당하면서 사물을 분석하고 판단하여 감정을 만들고, 신체의 여러 기관에 활동이나 조정 명령을 내린다고 한다.

    나는 신경외과 의사가 아니기 때문에 두뇌의 구조에 대해 잘 모르므로 전문적으로 두뇌의 구조나 역할에 관한 것을 말하려는 게 아니고, 경험을 통하여 느껴온 바를 가지고 우리의 뇌가 가지고 있는 일반적 특성을 말해 보려는 것이다.

    사람의 뇌는 뛰어나 기억력, 분석력, 조정력, 각 기관의 통제력 등을 가지고 있어 이 세상 만물들 중에서 지능이 가장 높아 만물의 영장이 된 것을 생각하면 사람의 뇌가 가진 능력은 경이로

울 정도인 것 같다

하지만, 우리의 뇌는 경이로울 정도의 대단한 능력을 가지고 있는 반면, 외부 환경에 민감하게 순응하여 판단력과 인식능력에 오류를 일으키거나, 쉽게 감정을 일으키는 등의 단점도 가지고 있는 것 같다.

사람의 두뇌는 항상 냉철하고 이성적으로 사물과 현상을 인식하고 분석하는 게 아니라 잘못된 인식이라도 자주 노출되면 그를 사실로 받아들여 그와 유사하거나 동일한 사물을 인식할 때 그런 방향으로 인식하는 편견이나 세뇌가 쉽게 일어나는 것 같다.

이러한 편견이나 세뇌가 이루어지면 마치 선글라스를 쓴 것처럼 흰색을 노란색으로 인식하는 굉장한 오류를 쉽게 범하고도 이를 모르게 되니 심각성이 있다 하겠다.

사람은 기쁨, 보람, 행복과 같은 좋은 감정도 갖고 있지만, 사람들의 생활에 부정적 영향을 미치는 분노, 시기, 질투, 두려움, 불안감 등의 좋지 않은 감정도 쉽게 일어나고 그 조절이 어려운 것 같다.

위에서 말한 바와 같이 사람의 뇌는 많은 단점을 갖고 있으나, 설사 우리가 이러한 약점을 알기 때문에 뇌의 구조를 바꿀 수 있다고 가정해도, 다른 모든 기능과 능력을 현재와 같이 유지시키면서 이러한 단점을 과연 보완할 수 있을까 하는 의구심이 들 정도로 사람의 두뇌도 어쩔 수 없는 면이 있는 것 같다.

만약, 인간의 두뇌가 정말로 완벽하다면 인간 개개인이 모두 신이 아닐까 생각된다.

어쨌든 우리들은 자신의 뇌를 바꿀 수 있는 능력이 없으므로 우리의 뇌가 가지고 있는 단점들을 이해하고 이를 극복하여야 하는 수밖에 없는 것 같다.

지혜와 지식

지혜란 사전상의 의미로 보면 "사물의 이치나 상황을 제대로 깨닫고 그것에 현명하게 대처할 방도를 생각해 내는 정신의 능력"이라고 되어 있다.

즉, 지혜가 있는 사람이란 자연의 섭리와 인간의 본성을 바로 볼 줄 아는 사람으로 사물의 이치나 상황을 제대로 깨닫고 그것에 현명하게 대처할 방도를 생각해 내는 능력이 있는 슬기로운 사람이라 할 수 있겠다.

주변 사람들을 보면 역사, 상식 등이 풍부하고, 중국 고전에 나오는 명언들도 두루 알며, 여러 분야에 지식이 해박하여 번지르르하게 말을 잘 하지만 자신의 말대로 실천을 하지 못하고, 인간 관계에서 욕심이 지나친 사람으로 평가받는 사람들이 있다.

반면에, 그저 자신의 직업에 충실할 뿐 역사, 상식 등이 풍부하지도 않지만 다른 사람들과 좋은 인간관계를 갖고, 남에게 베풀 줄도 알며, 이웃과 부모형제에게도 잘하여, 지식은 적어도 좋은 사람으로 평가받는 사람들이 있다.

위 사람들을 극단적으로 두 부류로 나누는 것일 수도 있겠지만 전자는 지식이 풍부한 자이고, 후자는 지혜가 있는 사람이라 할 수 있으며, 이들 두 부류의 사람들 중에서 친구를 맺는다면 아마도 후자를 친구로 맺고자 하는 사람이 많을 것이란 생각이 든다.

내 주변 사람들을 살펴보면 지혜가 적은 사람은 부모 등의 도움으로 대학, 대학원까지 가는 고학력자이며, 머리가 좋은 사람들의 군(群)에서 많이 보이는 것 같다.

지혜가 높은 사람은 학력이 낮거나, 비록 고학력자라도 자신이 스스로 돈을 벌어서 학교를 다녔던 사람들의 군(群)에서 많이 보이는 것 같은데 이는 내 주변 사람들에 한정하여 말하는 것뿐이다.

지혜는 학력이 높고 낮음이나 머리가 좋고 나쁨에 있지 않고, 오히려 세상을 얼마나 욕심 없이 순수한 눈으로 볼 수 있느냐 하는 것이 삶의 지혜를 깨침에 더욱 중요한 것 같다는 생각이 든다.

지식이 많은 사람들일수록 자신의 지식을 이용하여 번지르르 하게 말은 잘 하는데 자신의 말을 실천하지 못하면서 지나치게 욕심만을 부려, 지식이 많음이 오히려 자신의 삶에 발목을 잡는 건 아닌지 돌아 볼 필요가 있다는 것이다.

필자도 지식이 많은 사람과 지혜가 많은 사람 중에 반드시 하나를 친구로 선택하여야 한다면 기꺼이 지식은 적더라도 지혜가 많은 사람을 선택할 것 같다.

우리 인간은 많은 지식과 기술을 배우고 익히는 것도 물론 중요한 일이지만, 자연의 섭리와 인간의 본성을 바로 깨치어 삶을 제대로 이해하는 지혜가 있는 사람이 되는 것은 우리의 삶에서 더욱 중요한 일일 것 같다.

우리 사회에도 각 분야에 지혜가 많은 사람들로 넘쳐나 우리 사회가 건전하게 발전하는 밑거름이 되어 주었으면 하고 희망해 본다.

필자는 개인적으로 노무현 대통령과 박근혜 대통령 두 분을 정말로 존경하였다.

필자가 느끼기에 두 분의 공통점은 자신들보다 진정 국민들을 위해 애쓰셨다고 생각되었던 분들이며, 두 분들은 혹여 뇌물이란 누구에게든 단돈 만원이라도 받으실 분들이 아닐 거라는 생각을 하고 있었으면서 두 분 전직 대통령들을 굳게 믿고 있었기 때문이다.

하지만 노무현 대통령께서는 대통령의 지위도 다 내려놓고 평검사들과 토론을 할 수 있는 전무후무한 훌륭한 대통령이었는데 가족의 뇌물 등을 이유로 궁지에 몰아 돌아가시게 하고, 대꼬챙이같이 올곧고 강직했던 박근혜 대통령께서는 국정농단죄에 뇌물죄까지 추가되어 징역 20년형을 받는 일이 생겨 참 허탈하다.

물론 우리나라 정의 수호의 마지막 보루인 법조인들이 한 일들이니 이 글에서 그 죄의 구성과 언도에 옳고 그름을 따지는 것은 적절한 일이 아니라고 본다.

단지, 필자는 두 분 전직 대통령만큼은 진정 국가와 국민들을 위해 일하신 분들이라고 굳게 믿고 있었고, 어떤 경우도 남의 돈은 만원도 받으실 분들이 아니라고 굳게 믿어왔는데 그렇다고 하니 너무 허탈감이 들었기 때문이다.

국가를 위해 막중한 일들을 하셨던 대통령들이 임기를 마치면 다른 나라의 대통령들과 같이 행복한 여생을 사시도록 하여야 할 텐데, 우리나라는 유독 임기가 끝나는 대부분의 대통령들을 감옥에 보내어 참담한 삶을 사시게 하는 일이 계속되어 이러한 불행한 일이 언제 없어지게 될지 지금으로써는 알 수가 없다.

필자가 이 글을 쓰려 인터넷 검색을 하면서 국론분열을 일으키고 있는 양대 정치집단에서 한 가지 대상을 놓고 평가하는 논조가 너무나 극단적으로 대비되어 진실보다는 자신들이 지지하는 집단에 유리하도록 쓰려함이 눈에 보이고, 툭하면 촛불집회나 태극기집회로 대규모 군중 모으기로 세력을 과시하면서 국민들의 편 가르기를 하고, 이제는 우리 사회의 국론분열이 정말로 치유하기 어려울 정도의 중증에 이르렀다는 것을 더욱 뼈저리게 느끼게 되었다.

우리나라 정치집단들이 극단적 집단이기주의에 빠져 있고, 국민들의 거기에 편승하여 서로 헐뜯고 서로 죽이려 하는 이 정치풍토가 지속되는 한 전직 대통령들에 대한 재판은 계속될 테고, 정권이 바뀔 때마다 과거사진상이니, 적폐청산이니 하면서 자신들에게 불리했던 정치적 사건들에 대해서는 새로운 증거를 만들어 자신들에게 유리한 쪽으로 판결을 번복하는 재판이 다시 이루어지면서 우리나라의 법은 폐 종잇장처럼 구겨져 버릴 것 같다.

정권이 바뀔 때마다 자신들에 속한 정치인들은 보호하고, 상대 정치집단의 정치인들은 처벌할 수 있도록 사법부나 수사청의 장악이 용이치 않게 되면, 사법개혁이니 하면서 별도의 재판청이나 수사처를 만들거나 법을 바꾸어 민주주의를 후진국 내지 준 독재국가의 수준으로 후퇴시킬 것 같다.

우리 세대가 이와 같이 우리 대한민국을 한없이 추락시켜 스스로 역사의 죄인이 되지 않으려면 금번 코로나 사태에서 정부가 주도하여 매스컴을 이용한 적극적인 홍보로 우리 국민들이 현재까지 코로나를 잘 극복하였듯이, 이제라도 대통령과 정치집단들이 지금 나라가 처한 위기상황을 제대로 인식함으로써 "모두가 내 탓이오!"와 같은 좋은 슬로건들을 만들어 집단이기주의와 개인이기주의를 극복하기 위한 국민의식 개혁운동을 전개한다면 충분히 이 국난을 극복할 수 있을 것 같다.

구태여 독자들에게 부탁하는 내용의 맺음말을 쓴 것은 지금 우리 대한민국이 처한 현실이 너무나 위태위태해 보이기 때문이다.